deutsch.punkt

Zugänge zur Oberstufe

Arbeitsheft für das 10. Schuljahr

Erarbeitet von:
Dr. Stefan Schäfer

Ernst Klett Verlag
Stuttgart · Leipzig

Wie lernst du mit dem Arbeitsheft deutsch.punkt?

Das Arbeitsheft deutsch.punkt besteht im Wesentlichen aus **zwei Teilen:**

1. Lernstandsüberprüfung

Dieser Teil umfasst neun Kapitel. Jedes Kapitel hat vier Seiten.
Hier findest du die Fragen wieder, die dir auf den Seiten „Kompetenzen überprüfen" des Lehrbuches deutsch.punkt gestellt werden. Diese Fragen (✓ **Kann ich ... ?**) auf der letzten Seite jedes Lernvorhabens erleichtern dir die Kontrolle deines Lernprozesses und deine Selbsteinschätzung – auch für das weitere Lernen.
Zu den Fragen werden dir in diesem Teil Aufgaben gestellt. Diese Aufgaben können im Unterricht behandelt werden, als Kontrolle oder Test. Du kannst sie aber auch selbstständig zu Hause lösen. Hier lernst du verschiedene Aufgabentypen und -formate kennen, die dir bei Tests immer wieder begegnen werden.
In diesem Teil geht es vor allem darum zu überprüfen, wie gut du den Stoff eines Kapitels bereits beherrschst und wo du noch Lücken hast. Die Lösungen zu jeder Aufgabe kannst du im Lösungsheft nachschlagen.

Kapitelübersicht Lernstandsüberprüfung

Wenn du feststellst, dass du mit einer Aufgabe noch Probleme hast oder dir etwas nicht gelungen ist, dann kannst du mit dem zweiten Teil weiterarbeiten.

2. Lernen und Üben

Dieser Teil umfasst zehn Kapitel. Die Seitenzahl der Kapitel ist unterschiedlich.

Hier findest du zwei Arten von Aufgaben: (1) = Lernaufgaben und (1) **Übung** = Übungsaufgaben

Mithilfe der Lernaufgaben kannst du deine Wissenslücken schließen. Sie führen dich zu Lernerfolgen und helfen dir, den ersten Teil **Lernstandsüberprüfung** erfolgreich zu bearbeiten. In den Übungen kannst du dieses Wissen und Können anwenden.

Alle Aufgaben aus diesem Teil können im Unterricht behandelt werden. Du kannst sie aber auch selbstständig zu Hause lösen. Die Lösungen zu jeder Aufgabe kannst du im Lösungsheft nachschlagen.

Das Symbol → **Lösungsheft** zeigt dir an, auf welcher Seite du sie findest.

Das Symbol  bedeutet, dass du diese Aufgabe in einem Extra-Heft lösen sollst.

Kapitelübersicht Lernen und Üben

Wichtige Hilfsmittel zum Lernen

Kontrolle und Einschätzung

Im Teil „Lernstandsüberprüfung“ findest du am Ende jeder Lernstandsüberprüfung einen Bogen, der dir deine Kontrolle und Einschätzung erleichtert. Wichtig ist, wenn du dich selbst einschätzt, dass du ehrlich bleibst. Denn nur so kannst du genau feststellen, wo es noch Lücken gibt.

Mithilfe des Lösungsheftes kannst du eintragen, welche Aufgaben du schon gut kannst, wo es noch Probleme gibt und was du unbedingt noch üben musst.

Du kannst dir hier notieren, wann du die Aufgabe erledigt hast. Wenn du nicht alles richtig gelöst hast, bearbeite die Aufgabe am besten nach einer gewissen Zeit noch einmal.

Kontrolle und Einschätzung → Tipps zur Weiterarbeit
Lösungsheft Seite 1

Aufgabe	bearbeitet am:	wiederholt am:	Konnte ich gut. ☺	Das war mittel. 😐	Muss ich üben. ☹	Wenn du 😐 oder ☹ angekreuzt hast, dann bearbeite folgende Aufgaben im Teil „Lernen und Üben“:
1						Seite 45 / Abschnitt 1.1
2						Seite 45 / Abschnitt 1.1
3						Seite 45 / Abschnitt 1.1
4						Seite 46 / Abschnitt 1.2
5						Seite 49 / Abschnitt 1.2
6						Seite 49 / Abschnitt 1.2
7						Seite 50 / Abschnitt 1.3
8						Seite 52 / Abschnitt 1.4

Einschätzung der Lehrerin oder des Lehrers:

Hier findest du Tipps zur Weiterarbeit. Das sind Aufgaben aus dem Teil Lernen und Üben. Diese helfen dir, deine Kenntnisse in dem betreffenden Bereich zu vervollkommnen und Wissenslücken zu schließen.

Deine Lehrerin oder dein Lehrer können außerdem, wenn du die Lernstandsüberprüfung als Kontrolle erledigen sollst, ihre Anmerkungen zu deinem Lernstand festhalten.

Schlagwortregister

Wenn du einen Bereich ganz gezielt wiederholen willst, dann kannst du das Schlagwortregister am Ende des Heftes nutzen. Es hilft dir, systematisch einen bestimmten Bereich des Deutschunterrichtes zu bearbeiten.

Gedichte
- interpretieren S. 17, 69
- Formen unterscheiden S. 17, 65, 72
- untersuchen S. 17, 65 ff.

Gesamtdeutung
- erschließen S. 18

Gespräche
- analysieren S. 35, 105 ff., 108

Gestaltungsmittel
- in erzählenden Texten untersuchen S. 14,
- in Gedichten S. 18, 67 f.

Hier findest du alphabetisch wichtige Schlagwörter. Manchmal sind diese auch noch einmal unterteilt, wenn man ihnen andere Begriffe zuordnen kann. Die Hinweise für die Seitenzahlen sind sowohl für die Lernstandsüberprüfung als auch für den Teil Lernen und Üben.

Lernstandsüberprüfung

1 Was ich über Referieren und Präsentieren gelernt habe – Kompetenzen überprüfen

✔ Kann ich ein komplexes Thema für ein Referat hinreichend eingrenzen?

1 Schätze ein, ob du die aufgeführten Referatsthemen in einem 20-minütigen Referat sinnvoll umsetzen kannst. Begründe jeweils kurz deine Einschätzung.

a) **Thema:** *Die Geschichte der Sprachphilosophie von der Antike bis zur Gegenwart*

Begründung: ______________________________

b) **Thema:** *Frühkindlicher Spracherwerb*

Begründung: ______________________________

c) **Thema:** *Pluralbildung im Deutschen*

Begründung: ______________________________

✔ Kann ich mich zu einem komplexen Thema umfassend informieren?

2 Nenne (außer dem Internet) drei weitere Möglichkeiten der Information über ein Thema.

____

3 Ergänze die Aussagen über die Bewertungskriterien für Sachtexte und Internetquellen.

a) Vor allem bei Sachtexten ist das ______________ wichtig, weil es zeigt, ob der Text aktuell oder möglicherweise schon veraltet ist.

b) Seriöse Sachtexte enthalten in der Regel ein ______________, damit man nachvollziehen kann, auf welche Quellen und andere Autoren sich der Verfasser stützt.

c) Ob ein Sachtext hilfreich für ein Referat sein kann, erkennt man am schnellsten, wenn man sich das ______________ gründlich durchsieht.

d) Bei Internetquellen kann man oft schon an der ______________ erkennen, ob eine Seite verlässliche Informationen enthält.

e) Auf Internetseiten, die kein ______________ enthalten, sollte man für schulische Zwecke grundsätzlich nicht zurückgreifen.

Kann ich die Grundidee für ein Referat in ein schlüssiges Konzept umsetzen und eine Gliederung für ein Referat erstellen?

4 Welche Aussagen über die Gliederung bzw. die Konzeption von Referaten treffen zu? Kreuze die richtigen Antworten an.

	richtig	falsch
a) Referate sollten einen motivierenden Einstieg enthalten, der die Zuhörer für das Thema interessiert.	☐	☐
b) Referate haben zwar einen Einleitungs- und einen Hauptteil, aber keinen besonderen Schlussteil (man bedankt sich am Ende lediglich bei den Zuhörern für ihre Aufmerksamkeit).	☐	☐
c) Die Gliederung des Hauptteils eines Referats muss stets chronologisch erfolgen.	☐	☐
d) Im Hauptteil eines Referats ist die inhaltliche Vollständigkeit besonders wichtig, d.h. ein Thema muss möglichst lückenlos mit allen Details behandelt werden.	☐	☐
e) Im Hauptteil eines Referats sollte man wichtige Aussagen durch Beispiele veranschaulichen.	☐	☐

Kann ich einen Einstieg finden, der das Interesse der Zuhörer für mein Referat weckt?

5 Beurteile den Einstieg zu einem Referat über „frühkindlichen Spracherwerb".

Meinen kleine Kinder wirklich „Mama", wenn sie „Mama" sagen? Warum sagen sie zum Beispiel eher „Nane" und nicht „Bana" für „Banane"? Ist auch bei chinesischen Kindern das erste Wort „Mama"? Solche und andere Fragen haben mit dem Thema meines Referats zum „frühkindlichen Spracherwerb" zu tun, über den man vieles, aber längst nicht alles weiß. Klar ist, dass normalerweise alle Kinder sprechen lernen, aber wie das funktioniert, ist teilweise sehr umstritten. Beginnen wir mit dem, was unumstritten ist: …

Kann ich Informationen für ein Referat in wirkungsvollen Darstellungsarten visualisieren und den Zuhörern mit entsprechenden Präsentationstechniken nahebringen?

6 Hältst du das Bild für eine gelungene Illustration für einen Einstieg zu einem Referat über „frühkindlichen Spracherwerb“? Begründe deine Meinung.

____
____
____
____
____
____
____
____
____

7 Ergänze die Aussagen über Präsentationstechniken und ihren Einsatz.

a) Bei Präsentationen mithilfe eines Computerprogramms sollte man darauf achten, dass die Folien ____________ und ____________ gestaltet sind.

b) Stellt man unterschiedliche Aspekte eines Themas auf einer Folie dar, sollte man diese Aspekte ______________________________ darstellen.

c) Beim Einsatz von diskontinuierlichen Texten sollte man die abgebildeten Zusammenhänge auch ____________________.

d) Präsentiert man Informationen mithilfe eines Overheadprojektors, sollte man ______________________, über die gerade gesprochen wird.

Kann ich souverän ein Feedback zu meinem Referat entgegennehmen?

8 Wenn du ein Feedback bekommst, kannst du dazu Stellung nehmen. Erläutere, was du dabei beachten solltest.

____
____
____
____
____
____

Kontrolle und Einschätzung ➜ Tipps zur Weiterarbeit

Lösungsheft Seite 1

Aufgabe	bearbeitet am:	wiederholt am:	Konnte ich gut. ☺	Das war mittel. 😐	Muss ich üben. ☹	Wenn du 😐 oder ☹ angekreuzt hast, dann bearbeite folgende Aufgaben im Teil „Lernen und Üben“:
1						Seite 45 / Abschnitt 1.1
2						Seite 45 / Abschnitt 1.1
3						Seite 45 / Abschnitt 1.1
4						Seite 46 / Abschnitt 1.2
5						Seite 49 / Abschnitt 1.2
6						Seite 49 / Abschnitt 1.2
7						Seite 50 / Abschnitt 1.3
8						Seite 52 / Abschnitt 1.4

Einschätzung der Lehrerin oder des Lehrers:

___

___

___

2 Was ich über Argumentieren und Erörtern gelernt habe – Kompetenzen überprüfen

Kann ich den Aufbau von Argumenten erkennen und Argumentarten unterscheiden?

1 Welche Aussagen über den Aufbau von Argumenten bzw. Argumentarten treffen zu? Kreuze die richtigen Antworten an.

	richtig	falsch
a) Eine Argumentation besteht zumindest aus der These (also zum Beispiel einer Forderung) und ihrer Begründung (d. h. dem Argument).	☐	☐
b) Beispiele in einer Argumentation haben ausschließlich illustrativen Charakter (d. h. sie dienen dem besseren Verständnis und der Anschaulichkeit).	☐	☐
c) Beispiele für ein Argument können unter anderem wissenschaftliche Untersuchungen oder allgemeine sowie persönliche Erfahrungen sein.	☐	☐
d) Unter einem „Autoritätsargument“ versteht man ein Argument, das von allgemein anerkannten Experten/Expertinnen vorgebracht wird.	☐	☐

2 In dem Text „Der Stecherei Einhalt gebieten“ auf der nächsten Seite wird folgendes Argument von Wolfram Hartmann wiedergegeben. Kreuze an, um welche Argumentart es sich hierbei handelt. Begründe kurz deine Meinung.

Argument: *Piercings und Tätowierungen für Kinder und Jugendliche müssen verboten werden, weil bei diesen Eingriffen die Infektionsgefahr groß ist und es nicht selten zu Dauerschäden kommt.*

Autoritätsargument ☐ Faktenargument ☐ normatives Argument ☐

Begründung: ______________________________

____

____

Kann ich Argumente hierarchisieren und zu Argumentationsketten verknüpfen?

3 Untersuche die Argumentationsstruktur des Textes „Der Stecherei Einhalt gebieten“ auf der nächsten Seite, indem du zunächst die weiteren dort genannten Argumente für ein Verbot von Piercings und Tätowierungen für Kinder und Jugendliche herausschreibst. Gewichte anschließend die Argumente. Kreuze dazu die beiden deiner Meinung nach wichtigsten Argumente an. Begründe deine Einschätzung.

Der Stecherei Einhalt gebieten

Was bringt das brave Kind vom Schulausflug mit? Ein Zungenpiercing. „Da kommt manchmal die halbe Klasse gepierct aus England zurück", wundert sich Wolfram Hartmann, Präsident des Berufsverbandes der Kinder- und Jugendärzte. Sein geschultes Auge sieht weniger die ästhetischen denn die medizinischen Folgen solcher Eingriffe: Zahnschmerzen, Geschmacks- und Sensibilitätsstörungen bis hin zur Taubheit können durch den Schmuck verursacht werden. Bei Bauchnabelpiercings hingegen drohen Entzündungen der gestochenen Haut, genauso bei Nasenstechern und Ohrringen. Erwachsene, die sich solchen Risiken aussetzen, handelten eigenverantwortlich. Aber bei Minderjährigen, die mit schriftlichem Einverständnis eines Erziehungsberechtigten gepierct und auch tätowiert werden dürfen, müsse der Stecherei Einhalt geboten werden, fordert Hartmann.

So verlangte er bei der Anhörung des Bundestags-Gesundheitsausschusses am Mittwoch nicht nur ein Verbot nicht medizinisch begründeter kosmetischer Operationen an Kindern, sondern ein Verbot von Piercings und Tätowierungen für Jugendliche. Die Infektionsgefahr sei groß, Dauerschäden nicht selten. „Schönheitschirurgische Eingriffe zur Erfüllung des Strebens nach einem bestimmten Schönheitsideal" seien „auch mit Zustimmung der Erziehungsberechtigten" abzulehnen.

Nicht immer seien mit Minderjährigen Pubertierende gemeint, die ihren geschmückten Idolen aus dem Fernsehen nacheifern wollen. Mittlerweile habe schon jedes fünfte Mädchen im Alter von einem Jahr Ohrlöcher. „Es gibt auch Fälle von Nasenringen bei Dreijährigen", sagt Hartmann. Die Kinder würden die Piercings manchmal verschlucken oder an ihnen ziehen, bis Verletzungen entstünden. Zuweilen würden die Löcher sogar von Ärzten gestochen. „Das ist vorsätzliche Körperverletzung und nicht akzeptabel", sagt Hartmann.

Immer öfter kämen entsetzte Eltern mit der Bitte in die Praxen, Tätowierungen ihrer Kinder rückgängig zu machen. Neben verantwortungslosen Ärzten und dubiosen Piercern trügen manchmal auch die Eltern Schuld – sie seien oft selbst gepierct oder tätowiert. Manche von ihnen stünden dieser Art Schmuck folglich nicht allzu skeptisch gegenüber. Andere schafften es nicht, ihren Kindern zu untersagen, was sie selbst präsentierten. Hartmann sagt, hier müsse der Staat seiner Fürsorgepflicht nachkommen.

Argumente im Text

Piercings und Tätowierungen für Kinder und Jugendliche müssen verboten werden, weil

- *bei diesen Eingriffen die Infektionsgefahr groß ist und es nicht selten zu Dauerschäden kommt.*
- ____________________
- ____________________
- ____________________
- ____________________

Begründung: ____________________

Kann ich schriftlich argumentieren, indem ich durch Argumente eine These stütze und Beispiele suche?

4 Beziehe in einem kurzen Text Stellung zu der Verbotsforderung von Wolfram Hartmann.

____

____

____

____

____

Kann ich einen Schreibplan erstellen?

5 Welche Aussagen über den Schreibplan für eine Erörterung treffen zu? Kreuze die richtigen Antworten an.

	richtig	falsch
a) Einen Schreibplan erstellt man für alle drei Textteile der Erörterung, also Hauptteil, Einleitung und Schluss.	☐	☐
b) In einem Schreibplan sollte man seine wichtigsten Argumente bereits in ganzen Sätzen ausformulieren.	☐	☐
c) Im Schreibplan muss man sich noch nicht auf die grundsätzliche Anordnung der Argumente festlegen; es genügt zunächst, die Argumente einfach zu sammeln.	☐	☐
d) Der Schreibplan sollte den „roten Faden“ bilden, der durch den späteren Text führt.	☐	☐

Kann ich zwischen einer linearen und einer dialektischen Erörterung unterscheiden?

6 Entscheide für die aufgeführten Themen, ob es sich um lineare oder dialektische Fragestellungen handelt. Kreuze an.

	linear	dialektisch
a) Wie viel Geld braucht man, um glücklich zu sein?	☐	☐
b) Wie stark muss man sich als Ausländer den Gepflogenheiten seines Gastlandes anpassen?	☐	☐
c) Handy – Statussymbol und teure Spielerei oder unverzichtbares Kommunikationsmittel?	☐	☐
d) Sollte das Halten von gefährlichen Haustieren (z.B. Kampfhunde oder giftige Schlangen) verboten werden?	☐	☐

Kann ich freie und textgebundene Erörterungen verfassen?

7 Verfasse eine Einleitung für eine freie Erörterung zum Thema „Sollen Piercings und Tätowierungen für Jugendliche verboten werden?". Du kannst dich dabei auf den Text „Der Stecherei Einhalt gebieten" auf Seite 10 beziehen.

Kontrolle und Einschätzung → Tipps zur Weiterarbeit

Lösungsheft Seite 1

Aufgabe	bearbeitet am:	wiederholt am:	Konnte ich gut. ☺	Das war mittel. 😐	Muss ich üben. ☹	Wenn du 😐 oder ☹ angekreuzt hast, dann bearbeite folgende Aufgaben im Teil „Lernen und Üben":
1						Seite 53 / Abschnitt 2.1
2						Seite 53 / Abschnitt 2.1
3						Seite 54 / Abschnitt 2.2 Seite 55 / Abschnitt 2.3.1
4						Seite 54 / Abschnitt 2.2
5						Seite 54 / Abschnitt 2.3
6						Seite 54 / Abschnitt 2.3
7						Seite 54 / Abschnitt 2.3

Einschätzung der Lehrerin oder des Lehrers:

3 Was ich über erzählende Texte und ihre Interpretation gelernt habe – Kompetenzen überprüfen

Kann ich einen erzählenden Text im Ganzen verstehen und seine Aussage und Wirkung in einer ersten „Sinnvermutung" formulieren?

1 Lies den Text und formuliere eine erste Sinnvermutung. Begründe diese, indem du dich auf den Text beziehst.

Robert Walser: Der Brief

Mit einem Brief in der Tasche, den die Post mir gebracht und den ich noch nicht zu öffnen gewagt hatte, ging ich mit bedächtigen Schritten den Berg hinauf in den Wald. Der Tag glich einem blaugekleideten anmutigen Prinzen. Überall zwitscherte, grünte, blühte und duftete es. Die Welt sah aus, als könnte sie für nichts anderes als für Zärtlichkeit, Freundschaft und Liebe geschaffen sein. Der blaue Himmel glich einem gütigen Auge, der zarte Wind einer Liebkosung. Dichter und dunkler war der Wald und bald wieder heller, und das Grün war so jung, so süß. Da blieb ich auf sauberem, gelblichem Wege stehen, zog den Brief hervor, erbrach ihn und las Folgendes:

„Die, die sich gezwungen fühlt, Ihnen zu sagen, dass Ihr Brief sie mehr erstaunte als freute, wünscht nicht, dass Sie ihr nochmals schreiben; sie wundert sich, dass Sie den Mut fanden, ihr so nahezutreten, und sie hofft, dass es mit dieser Art Kühnheit, Tapferkeit und Unbesonnenheit ein für allemal sein Bewenden gehabt hat. Gab sie Ihnen jemals irgendein Zeichen, das auszulegen gewesen sein könnte, als sehne sie sich, zu erfahren, was Sie für sie fühlen? Uninteressant, wie dieselben ihr vorkommen, lassen Ihre Herzensgeheimnisse sie vollständig kalt; für die Ergüsse einer Liebe, die ihr gleichgültig ist, besitzt sie nicht das geringste Verständnis, und daher bittet sie Sie, sich vor das Bewusstsein führen zu wollen, wie sehr Sie Ursache haben, sich der Absenderin gegenüber in angemessene Entfernung zu setzen. Bei Beziehungen, die lediglich respektabler Natur sein sollen, muss jede Wärme, wie Sie ohne weiteres einsehen werden, unbedingt verboten sein."

Ich faltete den Brief, der so Trauriges und Niederschlagendes enthielt, langsam zusammen, und indem ich das tat, rief ich aus: „Wie bist du gut, freundlich und süß, Natur! Deine Erde, deine Wiesen und Wälder, wie sind sie schön! Gott im Himmel, und wie sind deine Menschen hart."

Ich war erschüttert, und noch nie kam mir der Wald so schön vor.

____

____

____

____

____

____

Kann ich die Textart erkennen und in ihrer Funktion erläutern?

2 Kreuze die Textart an, zu der der Text „Der Brief“ von Robert Walser gehört. Begründe anschließend kurz deine Einschätzung.

Kurzgeschichte ☐ Novelle (Anfang) ☐ Parabel ☐ Roman (Anfang) ☐

Begründung:

____

____

____

____

____

Kann ich Gestaltungsmittel in erzählenden Texten erkennen und erläutern?

3 Welche Aussagen über die Gestaltungsmittel im Text „Der Brief“ treffen zu? Kreuze die richtigen Antworten an.

	richtig	falsch
a) Erzählt wird aus der Sicht bzw. Perspektive eines personalen Ich-Erzählers.	☐	☐
b) Das Leitmotiv der Handlung in der Geschichte ist zugleich der Titel, also der „Brief“.	☐	☐
c) Die Geschichte enthält sowohl beschreibende als auch berichtende Passagen.	☐	☐
d) Man findet im Text keine Figurenrede im üblichen Sinne, nur der Brief der Frau wird zitiert.	☐	☐
e) In allen Teilen wird zeitraffend erzählt. Außerdem ist eine Rückblende auf die Beziehung zur Frau enthalten.	☐	☐

Kann ich auffällige und charakteristische sprachliche Mittel erkennen und in ihrer Wirkung bestimmen?

4 Charakterisiere den ersten Absatz (Z. 1–9) der Erzählung von Seite 13 sprachlich und benenne dabei wichtige sprachliche Mittel, die verwendet wurden.

____

____

____

____

5 Erläutere, wie die Briefschreiberin (vgl. Z. 10–21) auf sich selbst verweist und welche Wirkung dadurch entsteht.

Kann ich wesentliche Untersuchungsergebnisse (Analyseergebnisse) zu einer Gesamtdeutung zusammenführen?

6 Lies noch einmal den Schluss des Textes „Der Brief“ und bewerte ihn vor dem Hintergrund deiner Arbeitsergebnisse aus den Aufgaben 4 und 5. Formuliere eine begründete Gesamtdeutung.

Kann ich unterschiedliche Methoden zum Erschließen eines Erzähltextes in ihrer Leistung einschätzen und nutzen?

7 Beschreibe kurz, worauf es bei der Methode der analysierend-interpretierenden Texterschließung ankommt.

8 Welche Form des produktiven Eingreifens in den Text „Der Brief“ könnte deiner Meinung nach für sein Verständnis hilfreich sein? Nenne diese Form und begründe deine Einschätzung.

Form des produktiven Eingreifens: ______________________________

Begründung: ______________________________

____

____

____

____

____

Kontrolle und Einschätzung → Tipps zur Weiterarbeit

Lösungsheft Seite 1–2

Aufgabe	bearbeitet am:	wiederholt am:	Konnte ich gut. ☺	Das war mittel. 😐	Muss ich üben. ☹	Wenn du 😐 oder ☹ angekreuzt hast, dann bearbeite folgende Aufgaben im Teil „Lernen und Üben“:
1						Seite 63 / Abschnitt 3.3
2						Seite 59 / Abschnitt 3.1
3						Seite 61 / Abschnitt 3.2
4						Seite 61 / Abschnitt 3.2 Seite 111 / Abschnitt 9.1
5						Seite 61 / Abschnitt 3.2 Seite 111 / Abschnitt 9.1
6						Seite 63 / Abschnitt 3.3
7						Seite 64 / Abschnitt 3.3
8						Seite 64 / Abschnitt 3.3

Einschätzung der Lehrerin oder des Lehrers:

____

____

____

4 Was ich über Gedichte und ihre Interpretation gelernt habe – Kompetenzen überprüfen

Kann ich ein Gedicht im Ganzen verstehen und seine Aussage und Wirkung in einer ersten „Sinnvermutung" formulieren?

1 Lies das Gedicht und formuliere eine erste Sinnvermutung. Begründe deine Sinnvermutung, indem du dich auf den Text beziehst.

Ulla Hahn: Mit Haut und Haar

Ich zog dich aus der Senke deiner Jahre
und tauchte dich in meinen Sommer ein
ich leckte dir die Hand und Haut und Haare
und schwor dir ewig mein und dein zu sein.

Du wendetest mich um. Du branntest mir dein Zeichen
mit sanftem Feuer in das dünne Fell.
Da ließ ich von mir ab. Und schnell
begann ich vor mir selbst zurückzuweichen

und meinem Schwur. Anfangs blieb noch Erinnern
ein schöner Überrest der nach mir rief.
Da aber war ich schon in deinem Innern
vor mir verborgen. Du verbargst mich tief.

Bis ich ganz in dir aufgegangen war:
da spucktest du mich aus mit Haut und Haar.

Kann ich die Gedichtform erkennen und in ihrer Funktion erläutern?

2 Kreuze die Gedichtform an, zu der das Gedicht „Mit Haut und Haar" von Ulla Hahn gehört. Begründe anschließend kurz deine Einschätzung.

Ballade ☐ Lied/Volkslied ☐ Sonett ☐

Begründung: ______________________________

____

____

____

Kann ich wesentliche Gestaltungsmittel eines Gedichts erkennen, benennen und in ihrer Funktion erläutern?

3 Welche Aussagen über die Gestaltungsmittel im Gedicht „Mit Haut und Haar" treffen zu? Kreuze die richtigen Antworten an.

	richtig	falsch
a) Es spricht ein lyrisches Ich, das sich an einen mit „du" bezeichneten Adressaten wendet.	☐	☐
b) Das Metrum des Gedichts folgt einem daktylischen Grundmuster (betont, unbetont, unbetont).	☐	☐
c) Das Gedicht variiert strophenweise das Reimschema: Strophe 1 Kreuzreim, Strophe 2 umarmender Reim, Strophe 3 Kreuzreim, Strophe 4 Paarreim.	☐	☐
d) Es werden viele poetische sowie klangstarke Wörter bzw. Ausdrücke verwendet.	☐	☐
e) Im Gedicht kontrastieren konventionelle Metaphern mit umgangssprachlichen Ausdrücken.	☐	☐

4 Beschreibe den Gedichttitel „Mit Haut und Haar" unter dem Gesichtpunkt der sprachlichen Gestaltung.

____

____

____

____

____

____

____

Kann ich wesentliche Untersuchungsergebnisse zu einer Gesamtdeutung zusammenführen?

5 Lies noch einmal das Gedicht „Mit Haut und Haar" und bewerte es vor dem Hintergrund deiner bisherigen Arbeitsergebnisse aus den Aufgaben 1–4. Formuliere eine begründete Gesamtdeutung.

____

____

____

____

____

____

____

____

____

Kann ich meinen Interpretationstext sinnvoll gliedern und sprachlich angemessen formulieren?

6 Vervollständige sinngemäß die Aussagen über den Aufbau eines Gedichtinterpretationstextes.

a) Wie alle Interpretationstexte ist auch eine Gedichtinterpretation grundsätzlich in ____________, ____________ und ____________ unterteilt.

b) Die Zusammenfassung des Gedichtinhalts steht gewöhnlich ____________.

c) Am Ende des Hauptteils bzw. zu Beginn des Schlussteils sollte man seine ____________ noch einmal zusammengefasst darstellen.

7 Verfasse eine kurze Zusammenfassung des Gedichtinhalts, wie sie in einem Interpretationstext vorkommen könnte.

____

____

____

____

____

____

____

____

____

____

____

Kann ich unterschiedliche Methoden für das Erschließen eines Gedichts in ihrer Leistung einschätzen und nutzen?

8 Erläutere kurz, worauf es bei der Methode der verstehend-produktiven Texterschließung ankommt.

____

____

____

____

____

____

Kontrolle und Einschätzung → Tipps zur Weiterarbeit

Lösungsheft Seite 2–3

Aufgabe	bearbeitet am:	wiederholt am:	Konnte ich gut. ☺	Das war mittel. 😐	Muss ich üben. ☹	Wenn du 😐 oder ☹ angekreuzt hast, dann bearbeite folgende Aufgaben im Teil „Lernen und Üben“:
1						Seite 69 / Abschnitt 4.3
2						Seite 65 / Abschnitt 4.1
3						Seite 67 / Abschnitt 4.2
4						Seite 67 / Abschnitt 4.2
5						Seite 69 / Abschnitt 4.3
6						Seite 69 / Abschnitt 4.3
7						Seite 69 / Abschnitt 4.3
8						Seite 72 / Abschnitt 4.3

Einschätzung der Lehrerin oder des Lehrers:

____

____

____

5 Was ich über szenische Texte und ihre Interpretation gelernt habe – Kompetenzen überprüfen

Kann ich die Textart anhand bestimmter Merkmale und Informationen erkennen und bestimmen?

1 Lies den Dramentextauszug. Kreuze die Textart an, zu der er gehört, und begründe deine Einschätzung.

Friedrich Schiller: Kabale und Liebe

Luise Miller, die Tochter des Musikers Miller und seiner Frau, und der Präsidentensohn Ferdinand von Walther lieben sich. Ihre Liebe wird jedoch durch eine Intrige von Ferdinands Vater zerstört, der die unstandesgemäße Verbindung verhindern will. Luise hat mit ihrem Leben abgeschlossen und einen Brief an Ferdinand geschrieben, in dem sie ihren Selbstmord ankündigt und ihn über die Intrige seines Vaters aufklärt.

FÜNFTER AKT
Abends zwischen Licht, in einem Zimmer beim Musikanten.

ERSTE SZENE
LUISE *sitzt stumm und ohne sich zu rühren in dem finstersten Winkel des Zimmers, den Kopf auf den Arm gesunken. Nach einer großen und tiefen Pause kommt* MILLER *mit einer Handlaterne, leuchtet ängstlich im Zimmer herum, ohne Luisen zu bemerken, dann legt er den Hut auf den Tisch und setzt die Laterne nieder.*

MILLER Hier ist sie auch nicht. Hier wieder nicht – Durch alle Gassen bin ich gezogen, bei allen Bekannten bin ich gewesen, auf allen Toren hab ich gefragt – Mein Kind hat man nirgends gesehen. *(Nach einigem Stillschweigen.)* Geduld, armer unglücklicher Vater. Warte ab, bis es morgen wird. Vielleicht kommt deine Einzige dann ans Ufer geschwommen – – Gott! Gott! Wenn ich mein Herz zu abgöttisch an diese Tochter hing? – D i e Strafe ist hart! Himmlischer Vater, hart! Ich will nicht murren, himmlischer Vater, aber die Strafe ist hart. *(Er wirft sich gramvoll in einen Stuhl.)*

LUISE *(spricht aus dem Winkel).* Du tust recht, armer alter Mann! Lerne beizeit noch verlieren.

MILLER *(springt auf).* Bist du da, mein Kind? Bist du? – Aber warum denn so einsam und ohne Licht?

LUISE Ich bin darum doch nicht einsam. Wenn's so recht schwarz wird um mich herum, hab ich meine besten Besuche.

MILLER Gott bewahre dich! Nur der Gewissenswurm schwärmt mit der Eule. Sünden und böse Geister scheuen das Licht.

LUISE Auch die E w i g k e i t, Vater, die mit der Seele ohne Gehilfen redet.

MILLER Kind! Kind! Was für Reden sind das?

LUISE *(steht auf und kommt vorwärts).* Ich hab einen harten Kampf gekämpft. Er weiß es, Vater. Gott gab mir Kraft. Der Kampf ist entschieden. Vater! man pflegt unser Geschlecht zart und zerbrechlich zu nennen. Glaub Er das nicht mehr. Vor einer Spinne schütteln wir uns, aber das schwarze Ungeheuer Verwesung drücken wir im Spaß in die Arme. Dieses zur Nachricht, Vater. Seine Luise ist lustig.

MILLER Höre Tochter! Ich wollte du heultest. Du gefielst mir so besser. […] Was hast du vor, meine Tochter? – Du willst eigenmächtig Hand an dich legen.

LUISE Nenn Er es nicht so, mein Vater. Eine Gesellschaft räumen, wo ich nicht wohl gelitten bin – An einen Ort vorausspringen, den ich nicht länger missen kann – Ist denn das Sünde?

MILLER Selbstmord ist die abscheulichste, mein Kind – die einzige, die man nicht mehr bereuen kann, weil Tod und Missetat zusammenfallen.

LUISE *(bleibt erstarrt stehn)*. Entsetzlich! – Aber so rasch wird es doch nicht gehn. Ich will in den Fluss springen, Vater, und im Hinuntersinken Gott den Allmächtigen um Erbarmen bitten.

MILLER Das heißt, du willst den Diebstahl bereuen, sobald du das Gestohlene in Sicherheit weißt – Tochter! Tochter! gib Acht, dass du Gottes nicht spottest, wenn du seiner am meisten vonnöten hast. Oh! es ist weit! weit mit dir gekommen! – Du hast dein Gebet aufgegeben, und der Barmherzige zog seine Hand von dir. […]

Tragödie ☐ Komödie ☐ bürgerliches Trauerspiel ☐

Hörspiel ☐ Sketch ☐

Begründung: ____

____

____

____

Kann ich Gestaltungsmittel in szenischen Texten erkennen und erläutern?

2 Welche Aussagen über die Gestaltungsmittel in szenischen Texten/Dramen treffen zu? Kreuze die richtigen Antworten an.

	richtig	falsch
a) Als Figurenrede kommt im Drama sowohl das dialogische als auch das monologische Sprechen vor.	☐	☐
b) Regieanweisungen enthalten in der Regel zwar Hinweise zum Ort und zur Zeit des Geschehens, machen aber keine Angaben zum Verhalten der Figuren.	☐	☐
c) Der dramatische Konflikt einer szenischen Handlung entsteht immer durch einen inneren Zwiespalt/einen Gewissenskonflikt des Helden/der Heldin.	☐	☐
d) Szenische Texte, denen ein Prolog vorangestellt ist, enden nie mit einem Epilog (und umgekehrt: wenn Epilog, dann kein Prolog).	☐	☐
e) Szenische Texte sind in der Regel in Akte und Szenen (bzw. Aufzüge und Auftritte) unterteilt.	☐	☐

3 Vervollständige die Aussagen über das Fünf-Akt-Schema des klassischen Dramas.

a) Im III. Akt wird das ______________________________ hin zum Ende (der Katastrophe) dargestellt.

b) Als ____________________ bezeichnet man im ______ Akt die fallende Handlung, die mit einer Verzögerung der Lösung des dramatischen Konflikts verbunden ist.

c) In der ______________ (I. Akt) werden Ort sowie Zeit der Handlung genannt. Der Zuschauer wird mit den Hauptfiguren, der Vorgeschichte und der ______________ bekannt gemacht.

d) Während es im V. Akt in der Tragödie zur Katastrophe kommt, endet die Komödie mit einem ______________.

Kann ich einen szenischen Text inhaltlich wiedergeben und zusammenfassen?

4 Beantworte kurz die aufgeführten Fragen.

a) In welcher Situation befindet sich Luise? ______________________________

____

b) Was will der Vater erreichen? ______________________________

____

Kann ich Figuren beschreiben und charakterisieren?

5 Beschreibe die Beziehung zwischen Vater und Tochter. Begründe deine Einschätzung aus dem Text heraus.

____

____

____

____

6 Beschreibe die Dialogführung des Vaters am Ende des Textausschnitts (ab Z. 24).

____

____

____

____

____

Kann ich die Bedeutung einer Szene für die Gesamtaussage eines Stückes erläutern?

7 Erläutere, welche Angaben du machen musst, wenn von dir die Einordnung einer Szene in den Gesamtzusammenhang der Handlung gefordert wird.

____

____

____

____

____

____

Kontrolle und Einschätzung → Tipps zur Weiterarbeit

Lösungsheft Seite 5

Aufgabe	bearbeitet am:	wiederholt am:	Konnte ich gut. ☺	Das war mittel. 😐	Muss ich üben. ☹	Wenn du 😐 oder ☹ angekreuzt hast, dann bearbeite folgende Aufgaben im Teil „Lernen und Üben“:
1						Seite 73 / Abschnitt 5.1
2						Seite 74 / Abschnitt 5.2
3						Seite 74 / Abschnitt 5.2
4						Seite 77 / Abschnitt 5.3
5						Seite 77 / Abschnitt 5.3
6						Seite 77 / Abschnitt 5.3
7						Seite 77 / Abschnitt 5.3

Einschätzung der Lehrerin oder des Lehrers:

____

____

____

6 Was ich über Sachtexte und ihre Analyse gelernt habe – Kompetenzen überprüfen

Kann ich den Aufbau und die Funktion eines Sachtextes erschließen?

1 Lies den Text und stelle dar, wie der dritte Absatz inhaltlich mit den ersten beiden Absätzen verknüpft ist.

Grönland – Labor des Treibhausklimas

Bis zum Jahr 2100 wird sich die Erde um 2 bis 5 Grad Celsius erwärmen. Nach der Prognose des Weltklimarats (IPCC) wird im selben Zeitraum der Meeresspiegel um 30 bis 50 Zentimeter ansteigen. Dieser Effekt tritt ein, weil sich die Gewässer der Meeresoberfläche aufheizen und damit ihr Volumen ausdehnen, und weil die Eismassen auf allen Kontinenten abschmelzen werden.

Die Eisdecke der grönländischen Landmasse hat auf den Meeresspiegel einen entscheidenden Einfluss. Denn im Gegensatz zum arktischen Eis, das auf der Meeresoberfläche schwimmt und beim Schmelzen nur wenig mehr Wasservolumen erzeugt, als es in Eisform verdrängt hat, bindet das grönländische Eis mit seinen rund 2,5 Millionen Kubikkilometern erhebliche Wasserreserven: Damit liegt über Grönland der nach der Antarktis zweitgrößte Eispanzer der Welt, der rund ein Zehntel der globalen Eismassen ausmacht.

Seit Beginn des 20. Jahrhunderts ist der Meeresspiegel um etwa 17 Zentimeter angestiegen, im Jahresdurchschnitt um 1,6 Millimeter. Dieser Prozess hat sich in den vergangenen 15 Jahren beschleunigt, sodass die Pegel der Ozeane derzeit etwa um drei Millimeter pro Jahr steigen. Etwa 10 Prozent dieses Effekts werden auf die Schmelze in Grönland und der Antarktis zurückgeführt. Was rund um den Südpol zum Eisschwund führt, ist den Wissenschaftlern noch nicht ganz klar. Dagegen wurde die unter dänischer Verwaltung stehende Rieseninsel im Norden von den Klimaforschern genauestens unter die Lupe genommen. Die Erkenntnis der Wissenschaftler: Die lokale Erwärmung beläuft sich auf mehr als das Doppelte des globalen Durchschnittswertes und ist direkt für das Schmelzen des Eises verantwortlich. Grönland ist somit eine Art Labor des Treibhauseffekts.

Was genau geschieht im hohen Norden mit dem Packeis, den dauerhaft gefrorenen (Permafrost-)Böden und dem grönländischen Eisschild? Die Experten konstatieren eine umfassende negative Veränderung in der Bilanz der Oberflächeneismassen:

- Das arktische Packeis schmilzt im Sommer ab und verliert seit dreißig Jahren pro Jahrzehnt 7,4 Prozent seines Volumens. Prognosen gehen davon aus, dass der Eispanzer bis zum Ende des 21. Jahrhunderts im Sommer völlig verschwinden könnte.
- Die Fläche der Permafrost-Gebiete ist seit 1900 um rund 15 Prozent geschrumpft. Wo die Erde früher gefroren war, ist sie heute schlammig und nur noch in tieferen Schichten hart und eisig.
- Die Höhen Grönlands sind von einem Gletscherschild überzogen, das bis in Höhen von über 4000 Meter über dem Meeresspiegel reicht. Wenn sich die Luft in diesen Höhenlagen erwärmt, steigt die Luftfeuchtigkeit und es kommt zu Niederschlägen in Form von Schnee. Ob Schneefälle die Eisschmelze fördern oder bremsen, hängt von vielen geophysikalischen Faktoren ab; unter anderem davon, wie viel Sonnenwärme der Schnee in die Atmosphäre reflektiert und wie viel er absorbiert. […]

Bezug Absatz 3 zu Absatz 1: ______________________________

____

____

Bezug Absatz 3 zu Absatz 2: ______________________________

____

____

2 Kreuze an, welche primäre Funktion der Text „Grönland – Labor des Treibhausklimas“ deiner Meinung nach hat. Begründe deine Meinung.

informieren ☐ argumentieren ☐ appellieren ☐

Begründung: ______________________________

____

____

Kann ich die Argumentation von Sachtexten untersuchen und bewerten?

3 Wie wird im Text die besondere Bedeutung Grönlands für die Erforschung des Treibhausklimas begründet (vgl. „Grönland ist *somit* eine Art Labor des Treibhauseffekts.“)? Nenne die Gründe.

____

____

____

____

4 Hältst du die Überschrift des Textes „Grönland – Labor des Treibhausklimas“ angesichts des Inhalts für angemessen? Begründe deine Meinung.

____

____

____

____

Kann ich Sachtexte im Hinblick auf die verwendeten sprachlichen Mittel analysieren?

5 Charakterisiere in Stichwörtern die Sprache des Textes „Grönland – Labor des Treibhausklimas“.

____

____

____

Kann ich diskontinuierliche Texte (Tabellen, Diagramme, Schaubilder) in kontinuierliche Texte umformen?

6 Beschreibe, was das Diagramm darstellt, und fasse seine Hauptaussage mit Blick auf Grönland zusammen. Schreibe einen zusammenhängenden Text.

▶ **Was den Meeresspiegel steigen lässt**

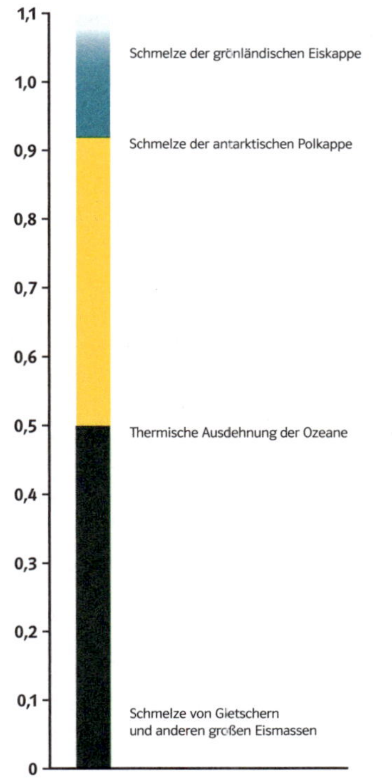

Ursachen des Anstiegs
1961 bis 2003, gemittelt, Millimeter pro Jahr
Quelle: Klimabericht 2007 (IPCC)

Kann ich die Ergebnisse der Untersuchung eines Sachtextes in einer schriftlichen Sachtextanalyse darstellen?

7 Welche Aussagen über das Schreiben einer Sachtextanalyse treffen zu?
Kreuze die richtigen Antworten an.

	richtig	falsch
a) In der Einleitung zu einer Sachtextanalyse sollte unter anderem angegeben werden, welche zusätzlichen Materialien (z. B. Diagramme, Schaubilder) zu dem Text gehören.	☐	☐
b) Wenn zum Text zusätzliche Materialien gehören, müssen diese im Hauptteil genau beschrieben werden.	☐	☐
c) Im Hauptteil einer Sachtextanalyse muss nicht nur der Textaufbau erläutert, sondern auch (zumindest kurz) die sprachliche Gestaltung des Textes beschrieben bzw. bewertet werden.	☐	☐
d) Im Schlussteil sollte man unbedingt die im Text dargestellten Sachverhalte kritisch bewerten.	☐	☐

Kann ich Aussagen aus kontinuierlichen Sachtexten in Form von Tabellen, Diagrammen und Schaubildern veranschaulichen?

8 Stelle stichpunktartig dar, für welche Art von Informationen die beiden aufgeführten Visualisierungen besonders geeignet sind.

a) Kurvendiagramm: ______________________________

b) Balken- bzw. Säulendiagramm: ______________________________

Kontrolle und Einschätzung → Tipps zur Weiterarbeit

Lösungsheft Seite 3–4

Aufgabe	bearbeitet am:	wiederholt am:	Konnte ich gut. ☺	Das war mittel. 😐	Muss ich üben. ☹	Wenn du 😐 oder ☹ angekreuzt hast, dann bearbeite folgende Aufgaben im Teil „Lernen und Üben“:
1						Seite 79 / Abschnitt 6.1
2						Seite 79 / Abschnitt 6.1
3						Seite 79 / Abschnitt 6.1
4						Seite 79 / Abschnitt 6.1
5						Seite 79 / Abschnitt 6.1 Seite 111 / Abschnitt 9.1 Seite 114 / Abschnitt 9.2 Seite 116 / Abschnitt 9.4
6						Seite 84 / Abschnitt 6.3
7						Seite 83 / Abschnitt 6.2
8						Seite 89 / Abschnitt 6.4

Einschätzung der Lehrerin oder des Lehrers:

____

____

____

7 Was ich über Medientexte und ihre Analyse gelernt habe – Kompetenzen überprüfen

Kann ich wichtige mediale Textsorten erkennen und ihre Merkmale benennen?

1 Welche Aussagen über die verschiedenen Textsorten treffen zu? Kreuze die richtigen Antworten an.

	richtig	falsch
a) Berichte (auch die, die im Internet veröffentlicht werden) weisen oft mit der Überschrift, dem Vorspann (Lead-Text) und den Zwischenüberschriften eine charakteristische Textgestalt auf.	☐	☐
b) Berichte sind überwiegend sachlich-darstellend geschrieben, können aber auch die Meinung des Verfassers zum Textinhalt im Schlussteil enthalten.	☐	☐
c) Stellungnahmen (wie Kommentare oder Blogs) haben meist keinen tagesaktuellen Bezug, sondern greifen allgemeine Themen und Fragestellungen auf.	☐	☐
d) Stellungnahmen (wie Kommentare oder Blogs) haben eine argumentative Grundstruktur und geben die persönliche Sichtweise des Verfassers wieder.	☐	☐
e) Reportagen können ebenfalls die persönliche Einstellung des Verfassers zu einem Thema widerspiegeln, versuchen aber in erster Linie, den dargestellten Sachverhalt anschaulich und aus der Sicht der Beteiligten zu vermitteln.	☐	☐

2 Welcher Textsorte ist der Textauszug zuzurechnen? Kreuze die Textsorte an und begründe anschließend deine Meinung.

Vom DSDS-Kandidaten zum Mobbing-Opfer

„Ich bin völlig fertig"

Wenn die „DSDS"-Jury ihr Urteil gefällt hat, geht der Kummer für junge Casting-Teilnehmer erst los: Per Internet und Telefonbuch spüren Zuschauer gescheiterte Nachwuchssänger wie Raymund R. und Marian K. auf – und terrorisieren sie.

Köln – Immer wieder klingelt das Telefon in dem kleinen Haus der Familie R. Die Anrufer brauchen meist nur einzelne Wörter, um dem 17-jährigen Raymund die Tränen in die Augen zu treiben: „Schwuchtel, Arschloch, Hackfresse" – Beleidigungen dieser Art gehören noch zu den sanfteren Ausdrücken, die sich der Schüler seit einer Woche anhören muss.

„Ich bin völlig fertig", sagt Raymund in seiner kurzatmigen, aufgeregt wirkenden Sprechweise. „Seit meinem Auftritt klingelt das Telefon pausenlos. Leute beschimpfen

und bedrohen mich." In der Auftaktsendung der RTL-Castingshow „Deutschland sucht den Superstar" wollte Raymund seine Sangeskünste unter Beweis stellen. Das misslang gründlich: „Ich glaub', wenn du in die Berge gehst und rufst, kommt da kein Echo zurück", nölte Dieter Bohlen – und der 17-jährige Schüler hyperventilierte. Nach Luft schnappend und heulend wand sich Raymund vor den Kameras auf dem Fußboden – und wurde das erste Opfer der RTL-Casting-Maschine.
Noch am Abend der Ausstrahlung riefen anonyme Zuschauer bei den R.s an, das Telefon schrillte die ganze Nacht, mehrere hundert Mal. Vorläufiger Höhepunkt der Aggression: Unbekannte Täter traten die gläserne Tür des R.'schen Hauses ein. [...]
Jugendschützer fordern von RTL mehr Feingefühl bei der Auswahl der Kandidaten, die vor laufender Kamera von Dieter Bohlen niedergemacht werden: „Minderjährige verdienen einen besonderen Schutz, und dieser Schutz ist nicht in erster Linie von den Eltern zu leisten, sondern von RTL", sagt Friedhelm Güthoff, Geschäftsführer des Kinderschutzbundes NRW.

Nach DSDS von der Schule beurlaubt

Bereits bei früheren RTL-Produktionen wie „Super Nanny" habe es Hinweise gegeben, dass die gezeigten Kinder und Jugendlichen nach Ausstrahlung der Sendung „sehr litten" und RTL die Familien nicht umfassend über die Gefahren ihrer TV-Präsenz aufgeklärt habe. Auch in Sachen „Deutschland sucht den Superstar" vermisst Güthoff die angemessene Sensibilität: „Woher soll der normale Fernsehzuschauer wissen, wie gefährlich ein Fernsehauftritt werden kann?", sagt Güthoff. Minderjährige seien bei Produktionen wie DSDS nicht ausreichend geschützt.
Dem widerspricht RTL: „Es gibt keinen allgemeinen Bedarf, Kandidaten zu schützen. Inzwischen haben sich über 100.000 Kandidaten bei DSDS beworben", sagt Sprecherin Anke Eickmeyer. „Alle Bewerber kommen freiwillig mit einer realistischen oder eben unrealistischen Selbsteinschätzung ihres Talents zum Casting. Da sich Kandidaten bewusst und in reiner Absicht berühmt zu werden, einem Millionenpublikum stellen, wäre Anonymität sicher nicht der richtige Weg. Die Kandidaten geben RTL schriftlich ihr Einverständnis, dass ihr voller Name und der Wohnort genannt werden dürfen."
Zudem wisse jeder Einzelne, dass er sich bei einer TV-Show bewerbe und vor einem Millionenpublikum auftrete. RTL und die Produktionsfirma hätten Raymund R. aufgrund der starken Reaktion der Öffentlichkeit inzwischen psychologische Hilfe angeboten.
Die kam für den Schüler jedoch zu spät – nach mehreren schlaflosen Nächten und Hunderten Telefonanrufen wurde er von der Schule sicherheitshalber beurlaubt.

von Sebastian Wieschowski

Bericht ☐ Reportage ☐ Stellungnahme ☐

Begründung: ____

____

____

____

____

Kann ich die Intention eines medialen Textes erkennen und darstellen?

3 Fasse zusammen, in welcher Absicht der Text „Ich bin völlig fertig" geschrieben wurde. Begründe deine Ansicht.

____

____

____

____

Kann ich den Aufbau und die Sprache medialer Texte beschreiben?

4 Nenne aus dem Text zwei Textstellen, an denen der Autor eine wertende Sprache verwendet. Erläutere kurz, warum diese Textstelle jeweils deiner Ansicht nach wertend ist.

Textstelle 1: ____

____

____

Textstelle 2: ____

____

____

Kann ich kritisch zu einem medialen Text Stellung nehmen?

5 Fasse den Standpunkt der Kritiker am Verhalten von RTL sowie den Standpunkt des Senders RTL kurz zusammen und nenne jeweils das zentrale Argument.

Kritik an RTL	Rechtfertigung von RTL

6 Teilst du den Standpunkt der Kritiker oder den von RTL? Verfasse eine kurze Stellungnahme zu dieser Frage, in der du zumindest ein Argument nennst, das im Text nicht zur Sprache kommt.

____

____

____

____

____

Kann ich eine Filmkritik analysieren und selbst eine Filmkritik schreiben?

7 Welche Aussagen über Filmkritiken treffen zu? Kreuze die richtigen Antworten an.

	richtig	falsch
a) Filmkritiken enthalten die allgemeinen Angaben zu einem Film (insbesondere Darsteller, Regisseur und Filmlänge).	☐	☐
b) Sie haben kaum Angaben zum Inhalt des Films, um dem Leser nicht die Spannung zu nehmen.	☐	☐
c) In ihnen werden verschiedene Aspekte eines Films besprochen und zusammenfassend bewertet.	☐	☐
d) Sie enthalten oft eine direkt formulierte Empfehlung, sich den Film entweder anzusehen oder nicht anzusehen.	☐	☐

Kontrolle und Einschätzung → Tipps zur Weiterarbeit

Lösungsheft Seite 4

Aufgabe	bearbeitet am:	wiederholt am:	Konnte ich gut. ☺	Das war mittel. 😐	Muss ich üben. ☹	Wenn du 😐 oder ☹ angekreuzt hast, dann bearbeite folgende Aufgaben im Teil „Lernen und Üben“:
1						Seite 91 / Abschnitt 7.1
2						Seite 91 / Abschnitt 7.1
3						Seite 91 / Abschnitt 7.1 Seite 79 / Abschnitt 6.1
4						Seite 91–98 / Abschnitt 7.1, 7.2 Seite 111–118 / Abschnitt 9.1, 9.2, 9.3, 9.4
5						Seite 94 / Abschnitt 7.2 Seite 79 / Abschnitt 6.1 Seite 53–54 / Abschnitt 2.1, 2.2
6						Seite 97 / Abschnitt 7.2 Seite 56 / Abschnitt 2.3.2
7						Seite 98 / Abschnitt 7.3

Einschätzung der Lehrerin oder des Lehrers:

___

___

___

8 Was ich über satirische Texte, Gesprächs- und Redeanalyse gelernt habe – Kompetenzen überprüfen

Kann ich Gestaltungsmittel einer Satire erkennen, benennen und in ihrer Funktion erläutern?

1 Welche zentralen Gestaltungsmittel setzt Tucholsky in seiner Satire „Herr Wendriner erzieht seine Kinder“ ein? Nenne sie und erläutere sie kurz.

Kurt Tucholsky: Herr Wendriner erzieht seine Kinder

„… Nehm Sie auch noch'n Pilsner? Ja? Ober? Ober, Himmelherrgottdonnerwetter, ich rufe hier nu schon ne halbe Stunde – nu kommen Se doch ma endlich her! Also zwei Pilsner! Was willst du? Kuchen? Du hast genug Kuchen. Also zwei Pilsner. Oder lieber vielleicht – na, is schon gut. Junge, sei doch mal endlich still, man versteht ja sein eignes Wort nicht. Du hast doch schon Kuchen gegessen! Nein! Nein. Also, Ober: noch'n Apfelkuchen mit Sahne. Wissen Se, was einem der Junge zusetzt! Na, Max, nu geh spielen! Hör nicht immer zu, wenn Erwachsene reden. Zehn wird er jetzt. Ja, also ich komme nach Hause, da zeigt mir meine Frau den Brief. Wissen Sie, ich war ganz konsterniert. Ich habe meiner Frau erklärt: So geht das auf keinen Fall weiter! Raus aus der Schule – rein ins Geschäft! Max, laß das sein! Du machst dich schmutzig! Der Junge soll den Ernst des Lebens kennenlernen! Wenn sein Vater so viel arbeitet, dann kann er auch arbeiten. Wissen Se, es is mitunter nicht leicht. Dabei sieht der Junge nichts andres um sich herum als Arbeit: morgens um neun gehe ich weg, um halb neun, um acht – manchmal noch früher – abends komme ich todmüde nach Hause … Max, nimm die Finger da raus, du hast den neuen Anzug an! Sie wissen ja, die große Konjunktur in der Zeit, das war im Januar, dann die Liquidation – übrigens: glauben Sie, Fehrwaldt hat bezahlt? 'n Deubel hat er! Ich habe die Sache meinem Rechtsanwalt übergeben. Der Mann ist nicht gut, glauben Sie mir! Ja, also mein Ältester ist jetzt nicht mehr da. Max, laß das! Angefangen hat er bei … Also hören Sie zu: ich hab ihn nach Frankfurt gegeben, zu S. & S. – kennen Sie die Leute auch? – und da hat er als Volongtär angefangen. Ich hab mir gedacht: So, mein Junge, nu stell dich mal auf eigne Füße und laß dir mal den Wind ein bißchen um die Nase wehn – Max, tu das nicht! – jetzt werden wir mal sehn. Meine Frau wollte erst nicht – ich bin der Auffassung, so was ist materiell und ideell sehr gut für den Jungen. Er liest immer. Max, laß das! Ich habe gesagt: Junge, treib doch Sport! Alle deine Kameraden treiben Sport – warum treibst du keinen Sport! Ich komme ja nicht dazu, mit ihm hinzugehn, mir täts ja auch mal sehr gut, hat mir der Arzt gesagt, aber er hat in Berlin doch so viel Möglichkeiten! Max, laß das! Was meinen Sie, was der Junge macht? Er fängt sich was mit einer Schickse an aus einem Lokal; nem Büfettfräulein, was weiß ich! Max, was willste nu schon wieder? Nein, bleib hier! […] Hier – haste'n Bonbon! Nu sei still. […] Max, sieh mal nach, ob da vorn die Lampen schon angezündet sind! Aber komm gleich wieder! Mit dieser Schickse geht er los! Natürlich kostet das 'n Heidengeld, können Se sich denken! Nu, es sind Unregelmäßigkeiten vorgekommen – ich hab ihn wegnehmen müssen, und jetzt ist er in Hamburg. Ach, wissen Se, ich hab schon zu meiner Frau gesagt: Was hat einem der liebe Gott nicht zwei Mädchen gegeben! Die zieht man auf, zieht sie an, legt sie abends zu Bett, und zum Schluß werden sie verheiratet. Da hat man keine Mühe.

◂ Dieser Text ist in alter Rechtschreibung verfasst.

Und hier! Nichts wie Ärger. Max! Max! Wo bloß der Junge bleibt! Max! Wo warst du denn so lange! Setz dich hierhin! Der Junge ist noch mein Grab – das sage ich Ihnen. Kommen Se, es ist kalt, wir wollen gehen.
Ich frage mich bloß eins: diese Unbeständigkeit, diese Fahrigkeit, diese schlechten Manieren – von wem hat der Junge das – ?“

2 Fasse zusammen, was Tucholsky mit seinem Text kritisiert.

Kann ich die Wirkungsweise einer Parodie erklären?

3 Erläutere, was man unter einer „Parodie“ versteht.

Kann ich die vier Ebenen einer sprachlichen Äußerung nennen und an einem Beispiel erläutern?

4 Benenne die vier Sprachebenen und stelle dar, wie der erste Satz des Tucholsky-Textes „Nehm’ Sie auch noch’n Pilsner?“ auf den verschiedenen Ebenen verstanden werden kann.

Sprachebenen:

Analyse:

Kann ich ein Gespräch analysieren sowie sachlich und strukturiert darstellen?

5 Beschreibe die Gesprächssituation, die dem Text „Herr Wendriner erzieht seine Kinder“ auf Seite 33 f. zugrunde liegt.

____

____

____

____

____

6 Welche Aussagen über die schriftliche Ausarbeitung von Gesprächsanalysen treffen zu? Kreuze die richtigen Antworten an.

	richtig	falsch
a) In der Einleitung zu einer Gesprächsanalyse sollte kurz die Gesprächssituation (Zahl der Sprecher, Ort und Zeit des Gesprächs, Thema usw.) beschrieben werden.	☐	☐
b) In der Einleitung zu einer Gesprächsanalyse sollte außerdem der Gesprächsverlauf inhaltlich und in der genauen Abfolge der einzelnen Gesprächsschritte dargestellt werden.	☐	☐
c) Der Hauptteil enthält die detaillierte Analyse des Gesprächs (unter den Gesichtspunkten inhaltliche Entfaltung, Intention der Gesprächspartner, Gesprächsziel und -wirkung sowie Gesprächsstrategien und -mittel).	☐	☐
d) Im Hauptteil wird außerdem diskutiert (bzw. beschrieben), wie ein Gespräch unter anderen Bedingungen (unter veränderter Gesprächssituation) hätte verlaufen können.	☐	☐
e) Im Schlussteil wird das Gespräch bewertet und aufgezeigt, welche Fehler die am Gespräch Beteiligten gemacht haben.	☐	☐

Kann ich die Faktoren nennen, die man bei der Erarbeitung der Redeintention beachten muss?

7 Erläutere kurz, was man unter der „Intention“ eines Redners versteht und welche Aspekte bei der Ermittlung der Redeintention beachtet werden müssen.

„Intention“: ____

____

zu beachtende Aspekte bei der Ermittlung der Redeintention: ______________________

____

____

Kann ich zentrale rhetorische Mittel für die Gestaltung einer Rede erläutern?

8 Erläutere kurz, was man unter den folgenden rhetorischen Figuren jeweils versteht (bzw. erläutere sie an einem Beispiel).

a) Hyperbel: ______________________________

____

b) Euphemismus: ______________________________

____

c) rhetorische Frage: ______________________________

____

Kontrolle und Einschätzung → Tipps zur Weiterarbeit

Lösungsheft Seite 4–5

Aufgabe	bearbeitet am:	wiederholt am:	Konnte ich gut. ☺	Das war mittel. 😐	Muss ich üben. ☹	Wenn du 😐 oder ☹ angekreuzt hast, dann bearbeite folgende Aufgaben im Teil „Lernen und Üben“:
1						Seite 101 / Abschnitt 8.1
2						Seite 101 / Abschnitt 8.1
3						Seite 101 / Abschnitt 8.1
4						Seite 105 / Abschnitt 8.2
5						Seite 105 / Abschnitt 8.2
6						Seite 105 / Abschnitt 8.2
7						Seite 108 / Abschnitt 8.3
8						Seite 115 / Abschnitt 9.3

Einschätzung der Lehrerin oder des Lehrers:

____

____

____

9 Was ich über Grammatik und Stil gelernt habe – Kompetenzen überprüfen

Kann ich die Wort- und Satzebene eines Textes mithilfe grammatischer Begriffe analysieren und beschreiben?

1 Bestimme die aufgeführten Verbformen aus der Erzählung „Der verlorene Enkel" von Günter Kunert nach Person, Numerus, Tempus, Modus und Handlungsart.

Günter Kunert: Der verlorene Enkel

Jeden Morgen treten sie vor die Tür: Vater, Mutter, Sohn und Schwiegertochter und legen die Hände schirmend über ihre acht Augen, als blende sie die noch gar nicht aufgegangene Sonne. Doch wenn diese erst einmal über den Horizont hoch ist, haben die vier längst ihren Wachtposten vorm Haus verlassen, um zu arbeiten oder zumindest sich den Anschein zu geben. Nach jedem Beilhieb hebt der Vater lauschend den Kopf, ob da nicht ein Trittgeräusch gewesen, ein Sohlenknarren, ein verlegenes Hüsteln, ein stilles Greinen, das er unbeabsichtigt mit dem Axtgeräusch übertönt hätte. Der Oberkörper des Sohnes erscheint immer wieder in dieser oder jener Dachluke, weit hinausgestreckt bis zum Nabel, eine Art menschliches Periskop, damit ja nicht der Moment verpasst werde, wo der Heimkehrende durchs stets offene Hoftor stolpert und seligen Schrittes über den festgestampften Lehmboden wankt, Tränen des Glückes vergießend, in den Staub zu fallen und die Heimaterde zu küssen, umgeben von Großvater, Vater, Mutter und Großmutter, einigen Ziegen und Schweinen und etwas Geflügel.

Worte um Worte aus vier Mündern malen Abend um Abend die Szene bunter und bunter aus: seit Jahren. Zuerst war man entschlossen, ein Exempel zu statuieren, den verlumpten Rückzügler in den Stall zu sperren, auf Lebenszeit etwa oder wenigstens auf vier Wochen, zumindest ein, zwei Stunden, Strafe muss sein, wo kommen wir hin, wenn jeder Enkel weglaufen wollte, bloß weil er nicht Vater und Großvater werden will, nicht auf Großmutter liegen, nicht auf der Mutter, nicht zwischen Schweinen und Ziegen, also aus purem Trotz und anderen niedrigen Beweggründen: ob man ihn nicht doch in den Schweinekoben auf ein Jahrzehnt, sobald man seiner habhaft geworden, wann wird man das bloß, darauf richtet sich alles Interesse und alles Mühen im zunehmenden Verfall des Gehöftes, in das kein verlorener Enkel zurückkehrt, weil das melodiöse Klirren das Gewicht der Ketten dem nicht aufwiegt, der sie einmal abgestreift hat.

a) blende (Z. 2): ____________________

b) übertönt hätte (Z. 8): ____________________

c) verpasst werde (Z. 10): ____________________

d) vergießend (Z. 12): ____________________

e) abgestreift hat (Z. 26): ____________________

2 Analysiere die Satzstruktur (Hauptsätze, Nebensätze, Infinitivgruppen, Appositionen) des aufgeführten Satzteils aus der Erzählung „Der verlorene Enkel" (Z. 8 ff.). Gib bei den Nebensätzen an, welche grammatische Funktion sie haben.

Satzteil	Bestimmung
Der Oberkörper des Sohnes erscheint immer wieder in dieser oder jener Dachluke,	
weit hinausgestreckt bis zum Nabel,	
eine Art menschliches Periskop,	
damit ja nicht der Moment verpasst werde,	
wo der Heimkehrende durchs stets offene Hoftor stolpert und seligen Schrittes über den festgestampften Lehmboden wankt,	

Kann ich den Stil eines Textes mithilfe grammatischer und rhetorisch-stilistischer Fachbegriffe beschreiben?

3 Welche Aussagen über Stilvarianten treffen zu? Kreuze die richtigen Antworten an.

	richtig	falsch
a) Unter einem „hypotaktischen Stil" versteht man das Auftreten vieler komplexer Sätze (also Sätze mit Nebensätzen, Infinitivgruppen, Appositionen) in einem Text.	☐	☐
b) Von „parataktischem Stil" spricht man, wenn ein Text ausschließlich aus komplexen Sätzen besteht.	☐	☐
c) Unter dem Begriff „Nominalstil" versteht man alle Texte, die nicht im „metaphorischen Stil" verfasst sind.	☐	☐
d) Kennzeichen eines „Nominalstils" sind unter anderem der häufige Gebrauch von Nominalkomposita, Attributhäufungen und Passivkonstruktionen.	☐	☐

4 Bestimme jeweils, welches Stilmittel eingesetzt wird, bzw. beschreibe die Besonderheit der Sprachverwendung.

a) als blende sie die noch gar nicht aufgegangene Sonne (Z. 2 f.):

____

b) ein Trittgeräusch gewesen, ein Sohlenknarren, ein verlegenes Hüsteln, ein stilles Greinen (Z. 6 f.):

____

c) Worte um Worte aus vier Mündern malen Abend um Abend die Szene bunter und bunter aus (Z. 15 f.):

___

d) ob man ihn nicht doch in den Schweinekoben auf ein Jahrzehnt (Z. 21 f.):

___

e) melodiöse Klirren (Z. 25):

___

Kann ich einen Zusammenhang zwischen der sprachlichen Gestaltung eines literarischen Textes und seinem Inhalt herstellen?

5 Stelle aus dem Textzusammenhang heraus dar, was mit den folgenden Textstellen verdeutlicht werden soll.

a) ein Trittgeräusch gewesen, ein Sohlenknarren, ein verlegenes Hüsteln, ein stilles Greinen (Z. 6 f.)

___

___

___

b) Worte um Worte aus vier Mündern malen Abend um Abend die Szene bunter und bunter aus (Z. 15 f.)

___

___

___

Kann ich sprachliche und inhaltliche Einzelbeobachtungen an einem literarischen Text in einer Gesamtdeutung des Textes zusammenführen?

6 Bewerte inhaltlich den folgenden Auszug aus einer Schülerarbeit über den Text.

Dass die Familie den „verlorenen Enkel" zurückhaben möchte, wird gleich am Anfang deutlich: „Jeden Morgen treten sie vor die Tür" (Z. 1) und halten nach ihm Ausschau. Dass sie ihn wirklich lieben, zeigt sich auch an der Tatsache, dass sie ihn eigentlich nicht bestrafen möchten. Zwar halten sie eine Strafe für gerechtfertigt, doch verringern sie das Strafmaß auf „ein, zwei Stunden" (Z. 18).

☐ ☐ ☐

___

___

___

___

7 Erläutere, weshalb der Enkel deiner Meinung nach nicht zurückkehrt. Belege deine Vermutungen am Text und mit den in ihm verwendeten sprachlichen Mitteln.

Kontrolle und Einschätzung → Tipps zur Weiterarbeit

Lösungsheft Seite 5

Aufgabe	bearbeitet am:	wiederholt am:	Konnte ich gut. ☺	Das war mittel. 😐	Muss ich üben. ☹	Wenn du 😐 oder ☹ angekreuzt hast, dann bearbeite folgende Aufgaben im Teil „Lernen und Üben“:
1						Seite 111 / Abschnitt 9.1
2						Seite 111 / Abschnitt 9.1
3						Seite 114 / Abschnitt 9.2
4						Seite 115 / Abschnitt 9.3
5						Seite 116 / Abschnitt 9.4
6						Seite 118 / Abschnitt 9.5
7						Seite 118 / Abschnitt 9.5

Einschätzung der Lehrerin oder des Lehrers:

10 Was ich über Rechtschreibung gelernt habe – Kompetenzen überprüfen

Kann ich Rechtschreibproben für mein eigenes Schreiben nutzen?

1 Erläutere, was man unter den folgenden Rechtschreibproben versteht bzw. in welchen Fällen sie wie verwendet werden können.

a) Ableitungsprobe: ____________________

____

b) Verlängerungsprobe: ____________________

____

c) Artikelprobe: ____________________

____

d) *und*-Probe: ____________________

____

Kann ich auch in schwierigeren Fällen regelgeleitet schreiben bzw. Zeichen setzen?

2 Welche Aussagen über die Groß- und Kleinschreibung sowie die Getrennt- und Zusammenschreibung treffen zu? Kreuze die richtigen Antworten an.

	richtig	falsch
a) Deklinierte Adjektive in Verbindungen mit nur einer Präposition müssen großgeschrieben werden (z. B. *Sie sahen ihn schon von Weitem.*).	☐	☐
b) Nichtdeklinierte Adjektive in Verbindungen mit nur einer Präposition müssen kleingeschrieben werden (z. B. *Sie kannten sich von klein auf.*).	☐	☐
c) Verblasste Nomen in den Verbindungen *eislaufen, kopfstehen, leidtun, nottun, standhalten, stattfinden, stattgeben, statthaben, teilhaben, teilnehmen, wundernehmen* werden kleingeschrieben (z. B. *Der Richter gab dem Einspruch statt.*).	☐	☐
d) Sowohl Getrennt- als auch Zusammenschreibung ist möglich, wenn ein einfaches Adjektiv eine Eigenschaft als Ergebnis der Handlung bezeichnet (z. B. *Das Kind hatte das Spielzeug nicht kaputtmachen/kaputt machen wollen.*).	☐	☐
e) Wortverbindungen aus Adjektiv (z. B. *frei*) und Verb (z. B. *sprechen*) müssen getrennt geschrieben werden, wenn sie zusammen eine übertragene Bedeutung haben.	☐	☐

3 Lies den Text und erläutere, weshalb die markierten Kommata stehen müssen.

Mark Twain: Die schreckliche deutsche Sprache (Auszug 1)

Ganz bestimmt gibt es keine andere Sprache, die so ungeordnet und unsystematisch, (1) so schlüpfrig und unfassbar ist; man treibt völlig hilflos in ihr umher, hierhin und dahin; und wenn man schließlich glaubt, man hätte eine Regel erwischt, die festen Boden böte, (2) auf dem man inmitten der allgemeinen Unruhe und Raserei der zehn Wortarten ausruhen könne, (3) dann blättert man um und liest: „Der Schüler beachte sorgfältig folgende *Ausnahmen*.“ Man lässt das Auge darüber hinweggleiten und entdeckt, dass es mehr Ausnahmen von der Regel als Beispiele für sie gibt. Und so geht man wieder über Bord, um wieder einen Ararat[1] zu suchen und wieder Treibsand zu finden. [...]

[1] Ararat = höchster Berg in der Türkei

Komma (1): ______________________________

Komma (2): ______________________________

Komma (3): ______________________________

4 Erkläre, in welchen drei Fällen ein erweiterter Infinitiv mit *zu* vom Satz mit Kommata abgetrennt werden muss. Gib jeweils ein Beispiel an.

Fall 1 (+ Beispiel): ______________________________

____

Fall 2 (+ Beispiel): ______________________________

____

Fall 3 (+ Beispiel): ______________________________

____

✔ Kann ich ein Rechtschreibwörterbuch sinnvoll nutzen?

5 Beantworte mithilfe deines Wörterbuchs die folgenden Fragen.

a) Was bedeutet das Wort „Synekdoche“ und auf welcher Silbe wird es betont?

____

b) An welchen Stellen kann das Wort „Antibiotikum“ getrennt werden und wie heißt der Plural des Wortes?

____

c) Was bedeutet die Abkürzung „i. e.“ und welcher Hinweis auf ihren Gebrauch wird im Wörterbuch gegeben?

____

Lernstandsüberprüfung

1 Was ich über Referieren und Präsentieren gelernt habe – Kompetenzen überprüfen

→ **Seite 5**
❶ a) Das Thema ist viel zu umfangreich, um es in 20 Minuten auch nur annähernd vollständig darzustellen; b) Das Thema hat zwar viele Aspekte, die wesentlichen Stufen eines normalen Erstspracherwerbsprozesses lassen sich aber in 20 Minuten darstellen; c) Selbst wenn man 20 Minuten über dieses Thema sprechen kann, ist es viel zu speziell, als dass es Nicht-Experten interessieren würde.

❷ *weitere Informationsmöglichkeiten:* Expertenbefragung/Buchhandlung, Lexika/Bibliotheken, TV/Film

❸ a) Erscheinungsjahr; b) Literaturverzeichnis; c) Inhaltsverzeichnis; d) Adresse; e) Impressum

→ **Seite 6**
❹ a) richtig; b) falsch; c) falsch; d) falsch; e) richtig

❺ Der Einstieg versucht zwar, durch interessante Fragen Aufmerksamkeit zu erwecken und leitet zum Referatsthema über, ist aber ansonsten unstrukturiert: So würde man erwarten, dass auf die gestellten Fragen zumindest eine Antwort angekündigt wird, außerdem ist die Überleitung zum Hauptteil unmotiviert und holperig. Es ist wenig motivierend, gleich zu Beginn zweimal zu betonen, dass man vieles noch nicht weiß.

→ **Seite 7**
❻ *Hier kommt es vor allem auf deine Begründung an:* Einerseits ist das Bild vergleichsweise informationsarm (ein Kleinkind kann sich jeder auch ohne Bild vorstellen), andererseits dient das Bild im Rahmen der Einleitung vor allem der Illustration und es ist schwer, frühkindlichen Spracherwerb abzubilden.

❼ a) übersichtlich; gut lesbar; b) farblich oder grafisch; c) sprachlich darstellen; d) auf die Teile der Folie zeigen

❽ Beachten solltest du, dass man nicht auf alles, was gesagt wurde, eingehen bzw. darauf antworten muss. Bei einem Feedback ist es wichtig, dass du das für dich jeweils Wichtige herausgreifst und kurz darauf eingehst.

2 Was ich über Argumentieren und Erörtern gelernt habe – Kompetenzen überprüfen

→ **Seite 9**
❶ a) richtig; b) falsch; c) richtig; d) falsch

❷ *Hier kommt es vor allem auf deine Begründung an:* Faktenargument (die Gefährlichkeit dieser Eingriffe ist eine allgemein akzeptierte Tatsache) *oder* normatives Argument (implizit verweisen die Fakten auf die „Gesundheit“, deren Schutz in der Gesellschaft ein hoher Stellenwert zukommt).

❸ *Argumente im Text:* • weil diese Eingriffe nicht nur Jugendliche, sondern sogar Säuglinge und Kleinkinder betreffen; • weil es „dubiose Piercer“ gibt und selbst Ärzte teilweise diese Eingriffe vornehmen; • weil immer mehr Eltern darum bitten, dass diese Eingriffe rückgängig gemacht werden; • weil die Eltern ihrer Fürsorgepflicht nicht immer nachkommen (= wichtiges Argument); *Begründung:* Das erste Argument (weil bei diesen Eingriffen die Infektionsgefahr groß ist und es nicht selten zu Dauerschäden kommt) ist sachlich übergeordnet, da ohne die gesundheitsschädigenden Folgen keine Notwendigkeit bestünde, gegen diese Eingriffe zu sein; das Argument, dass die Eltern ihrer Fürsorgepflicht nicht immer nachkommen, ist deshalb besonders wichtig, weil anderenfalls die bestehende gesetzliche Regelung ausreichend wäre.

→ **Seite 11**
❹ *Tipp: Hier kannst du dich der Meinung Hartmanns anschließen, indem du etwa sein wichtigstes Argument wiederholst bzw. verstärkst und Beispiele aus deinem persönlichen Umfeld nennst. Du kannst dich aber auch gegen ein solches Verbot aussprechen.* Gegenargumente wären z. B.: Ein solches Verbot schränkt die Persönlichkeitsrechte ein (der Staat sollte lieber besser aufklären, statt zu verbieten), die Mehrzahl der gepiercten bzw. tätowierten Menschen sind durch diesen Körperschmuck nicht krank geworden (Hartmann selbst verweist auf Ärzte, die diese Eingriffe vornehmen, also können die medizinischen Folgen so gravierend nicht sein).

❺ a) richtig; b) falsch; c) falsch; d) richtig

❻ a) linear; b) linear; c) dialektisch; d) dialektisch

→ **Seite 12**
❼ *Tipp: In der Einleitung solltest du einen Problemaufriss formulieren, d. h. deutlich gemacht haben, worin das Problem besteht (mögliche Gesundheitsgefährdung); hierbei kannst du dich auf die Forderung Hartmanns beziehen. Außerdem ist es möglich, dass du andeutest, wie du zu dieser Frage stehst, und damit gleich zum Hauptteil überleiten.*

3 Was ich über erzählende Texte und ihre Interpretation gelernt habe – Kompetenzen überprüfen

→ **Seite 13**
❶ *Tipp: Wie deine erste Vermutung aussieht, weißt du selbst am besten. Wichtig ist, dass du dabei auf wesentliche Merkmale des Textes eingegangen bist. So sind zum Beispiel die Sprache des Brieftextes wichtig oder die Tatsache, dass die Naturbeschreibung dem Innenleben des Erzählers am Schluss widerspricht.*

→ **Seite 14**

❷ Kurzgeschichte; *Begründung:* Der Text weist einige wichtige Merkmale dieser Gattung auf: unvermittelter Anfang, Konzentration auf den Augenblick, alltägliche Thematik; eher ungewöhnlich für Kurzgeschichten sind die Sprache sowie der Schluss (nicht offen).
Tipp: Wichtig ist hier vor allem deine Begründung, d. h., dass du die entsprechenden Merkmale der von dir gewählten Textsorte genannt hast. Gerade aufgrund der für eine Kurzgeschichte untypischen Merkmale könnte die Geschichte auch als Parabel gedeutet werden: In diesem Fall müsstest du vor allem angeben, wie du die Geschichte übertragen deutest.

❸ a) richtig; b) falsch; c) richtig; d) falsch; e) falsch

❹ Der Text ist im ersten Teil sehr bildhaft bzw. anschaulich gehalten. Auffällig sind zum einen Vergleiche und Metaphern (z. B. „Der Tag glich einem blaugekleideten Prinzen", „Der blaue Himmel glich einem gütigen Auge, der zarte Wind einer Liebkosung."), zum anderen die Verwendung von Wörtern des Bedeutungsbereichs „junge Liebe" („jung", „süß", „zart", „Liebe", „Zärtlichkeit", „Liebkosung"). Außerdem ist der Text vergleichsweise attributreich.

→ **Seite 15**

❺ Die Briefeschreiberin verweist auf sich selbst meist mit einem Personalpronomen in der dritten Person (also „sie" statt „ich"), am Anfang sogar mit einem Demonstrativpronomen („Die, die …"). Dadurch bekommt der Brieftext Züge einer indirekten Rede und die Distanz zum Adressaten, also dem Ich-Erzähler, wird erhöht.

❻ Der Schluss der Geschichte hebt das doppelte Gefühl des Erzählers hervor: Einerseits ist er „erschüttert", andererseits von der Schönheit der Natur „ergriffen". Das ist zunächst überraschend, da der Erzähler die Natur am Anfang als Spiegelbild seiner Hoffnung auf Liebe empfindet, der Brief ihn aber nicht nur inhaltlich, sondern auch in seiner Distanziertheit enttäuschen muss, sodass man erwarten würde, dass nun auch die Natur nicht mehr so „süß" (vgl. Z. 7 und 23) erlebt wird. Das Gegenteil ist der Fall. Und so zeigt die Geschichte, dass nicht immer die innere Stimmung die Wahrnehmung der äußeren Welt bestimmen muss.

❼ Bei dieser Methode kommt es darauf an, den Text vollständig und genau zu untersuchen, ihn also aus sich heraus zu deuten (d. h. „textimmanent"). Die einzelnen Untersuchungsergebnisse müssen dabei zu einer Gesamtdeutung zusammengeführt werden.

→ **Seite 16**

❽ *Tipp: Hier gibt es mehrere Möglichkeiten, weshalb es auch vor allem auf deine Begründung ankommt. Eine sinnvolle Form des produktiven Eingreifens könnte es z. B. sein, für den Text ein anderes Ende zu finden, d. h. ihn ab Zeile 22 neu zu schreiben (z. B. wie man selbst in der Situation des Erzählers auf diesen Brief reagiert hätte). Dadurch würde deutlich, wie überraschend die Reaktion des Erzählers tatsächlich ist (vgl. Lösung 6).*

4 Was ich über Gedichte und ihre Interpretation gelernt habe – Kompetenzen überprüfen

→ **Seite 17**

❶ *Tipp: Wie deine erste Vermutung aussieht, weißt du selbst am besten. Wichtig ist, dass du dabei auf wesentliche Merkmale des Gedichts eingegangen bist. So sind zum Beispiel die vielen formalen und inhaltlichen Gegensätze (mit dem pointeartigen Schluss) auffällig.*

❷ Sonett; *Begründung:* Das Gedicht weist zwar nicht den strengen Aufbau eines Sonetts mit zwei Quartetten und zwei Terzetten auf, ist aber doch an dieses Aufbauschema angelehnt. Wie in vielen Sonetten geht es um die Darstellung von Gegensätzen.

→ **Seite 18**

❸ a) richtig; b) falsch; c) richtig; d) falsch; e) richtig

❹ Syntaktisch ist der Gedichttitel ein modales Adverbial (er antwortet auf die Frage „Wie?"), der Titel stellt zugleich eine konventionelle Metapher dar (vgl. „jmd. mit Haut und Haaren lieben", „sich jmd. mit Haut und Haar verschreiben" usw.); durch den gleichen Anfangsbuchstaben der beiden Nomen ergibt sich außerdem eine Alliteration.

❺ Das Gedicht behandelt eine problematische Ich-Du-Beziehung, in der das „Ich" sich bis zur Selbstaufgabe an das „Du" bindet und von diesem schließlich „ausgespuckt" wird. So ist auffällig, dass das „Ich" in der ersten Strophe durchaus noch Selbstbewusstsein und Tatkraft zeigt, während es sich am Schluss völlig aufgegeben hat. Formal wird das durch die Verwendung der Pronomina gekennzeichnet: In der ersten Strophe dominiert das „Ich", danach das „Du".

→ **Seite 19**

❻ a) Einleitung, Hauptteil, Schluss; b) am Anfang des Hauptteils; c) Deutung

❼ *Eine mögliche Zusammenfassung könnte so aussehen:* Das Gedicht „Mit Haut und Haar" beschreibt die Beziehung eines „Ichs" zu einem „Du", indem das „Ich" zunächst den aktiven Teil darstellt (Strophe 1), sich dann aber immer mehr an das „Du" bindet bzw. vom „Du" gebunden wird (vgl. „Du branntest mir dein Zeichen / mit sanftem Feuer in das dünne Fell."). Am Schluss, als sich das „Ich" schon völlig aufgegeben hat (vgl. „Bis ich ganz in dir aufgegangen war"), wird es vom „Du" ausgespuckt, also fallengelassen.
Tipp: Beachte, dass du dich in einer Zusammenfassung auf wesentliche Inhaltselemente beschränken solltest; wichtige Textstellen kannst du dabei zitieren.

→ Seite 20

❽ Bei der Methode der verstehend-produktiven Texterschließung geht es darum, sich die Eigenart eines Gedichts (Inhalt, aber auch Form bzw. Gestaltung) dadurch zu erschließen, dass man selbst etwas schreibt, z. B. kann man das zu erschließende Gedicht umschreiben oder ein Parallelgedicht verfassen.

5 Was ich über szenische Texte und ihre Interpretation gelernt habe – Kompetenzen überprüfen

→ Seite 21

❶ bürgerliches Trauerspiel; *Begründung:* Zwar deutet die Szene einen für eine Tragödie unlösbaren Konflikt an (Luise will sich umbringen), doch entsteht dieser Konflikt erst durch die Beziehung eines Menschen bürgerlicher Herkunft (mit der Musikertochter Luise) mit einem Adligen (dem Präsidentensohn Ferdinand von Walther).

→ Seite 22

❷ a) richtig; b) falsch; c) falsch; d) falsch; e) richtig

→ Seite 23

❸ a) Umschlagen der Handlung; b) retardierendes Moment, IV.; c) Exposition, Ausgangssituation; d) Happy End

❹ a) Nachdem ihre Liebe zu Ferdinand zerstört wurde, will Luise sich selbst das Leben nehmen. b) Der Vater will Luise vom Selbstmord abhalten.

❺ Der Vater liebt seine Tochter bzw. hängt an ihr. Dies wird zum einen daran deutlich, dass er sie überall gesucht hat (vgl. „Durch alle Gassen bin ich gezogen …“), zum anderen dadurch, dass er versucht, sie von ihrem Selbstmord abzubringen.

❻ Der Vater benennt zunächst ganz konkret Luises Selbstmordgedanken (und redet nicht „drum herum“). Als Luise sich zu rechtfertigen versucht („Ist das denn Sünde?“), macht er wiederum ganz deutlich, dass Selbstmord nicht nur eine Sünde, sondern die „abscheulichste“ Sünde sei. Diese Einschätzung begründet er auch (man kann diese Sünde nicht mehr bereuen). Auch hier sucht Luise wieder nach einem Ausweg, doch der Vater widerspricht erneut. Schließlich macht er ihr sogar Vorwürfe („Oh! es ist weit, weit mit dir gekommen!“).

→ Seite 24

❼ *Tipp: Neben der inhaltlichen Einordnung als Teil der Handlung (was geschieht in welcher Reihenfolge) muss deutlich gemacht werden, was die Szene darüber hinaus leistet, z. B. was die Szene über die Figuren und ihre Beziehung zueinander aussagt, welche innere Entwicklung die Figuren erleben oder welche Absichten bzw. Intentionen der Figuren deutlich werden.*

6 Was ich über Sachtexte und ihre Analyse gelernt habe – Kompetenzen überprüfen

→ Seite 25

❶ *Bezug Absatz 3 zu Absatz 1:* Absatz 1 enthält die Prognose für die künftige Entwicklung der Erderwärmung und damit für den Anstieg des Meeresspiegels; Absatz 3 schildert dagegen die Entwicklung des Anstiegs des Meeresspiegels seit dem Beginn des 20. Jahrhunderts
Bezug Absatz 3 zu Absatz 2: Absatz 2 erläutert die Bedeutung Grönlands für den Meeresspiegel („zweitgrößter Eispanzer“); Absatz 3 präzisiert diesen Befund (10 Prozent des Pegelanstiegs sind auf die Eisschmelze in Grönland und der Antarktis zurückzuführen).

→ Seite 26

❷ informieren, *Begründung:* Der Text enthält keine ausgeprägte Argumentation (in dem Sinne, dass jemand von etwas überzeugt werden soll). Allerdings verweist der Text auch auf die besondere Bedeutung Grönlands, d. h. du könntest also auch den Standpunkt vertreten (und hier kommt es auf deine Begründung an), der Text wolle den Leser von der besonderen Bedeutung Grönlands für die Klimaforschung überzeugen.

❸ Zum einen ist Grönland von Klimaforschern genau untersucht worden, zum anderen ist die lokale Erwärmung in Grönland mehr als doppelt so hoch wie der globale Durchschnittswert, d. h. hier können Erkenntnisse darüber gewonnen werden, wie sich die Erwärmung in anderen Regionen (v. a. der Antarktis) auswirken wird.

❹ *Hier kommt es vor allem auf deine Begründung an:* Einerseits ist sie angemessen, da Grönland als „Labor“ thematisiert wird, andererseits geht es in dem Artikel weniger um das „Labor“ Grönland als vielmehr um die dort festgestellten Befunde und die allgemeine Auswirkung der Erderwärmung auf den Anstieg des Meeresspiegels.

❺ Der Text ist einem sachlich-berichtenden Stil verfasst und relativ leicht verständlich (keine übermäßig komplexen Sätze, keine schwierigen Fremdwörter). Er enthält eine Reihe von Fachwörtern (z. B. Permafrost-Gebiete, geophysikalische Faktoren, Atmosphäre, absorbieren), deren Bedeutung sich aber aus dem Kontext ergibt. Der Text weist keinen ausgeprägten fachsprachlichen Stil auf (Nominalstil mit vielen Passivkonstruktionen, Funktionswortgefügen, Nominalkomposita usw.).

→ Seite 27

❻ Das Diagramm aus dem Klimabericht des Weltklimarates (IPCC) stellt die verschiedenen Ursachen des Meeresspiegelanstiegs zwischen den Jahren 1961 bis 2003 dar. Danach ist der Meeresspiegel jährlich durchschnittlich um etwa 1,1 Millimeter angestiegen, wofür die Schmelze der grönländischen Eiskappe aber kaum ursächlich ist (sie trug bislang nur ungefähr 0,03 Millimeter pro Jahr zum Anstieg bei).

❼ a) richtig; b) falsch; c) richtig; d) falsch

→ **Seite 28**
❽ a) zur Veranschaulichung einer Entwicklung; b) Vergleich von Angaben

7 Was ich über Medientexte und ihre Analyse gelernt habe – Kompetenzen überprüfen

→ **Seite 29**
❶ a) richtig; b) falsch; c) falsch; d) richtig; e) richtig

❷ Reportage; *Begründung:* Neben dem allgemeinen Sachverhalt (Kritik an RTL und die Reaktion des Senders auf diese Kritik) stehen die Geschichte von Raymund R. und seine Gefühle im Vordergrund. Der Text, der keinen tagesaktuellen Anlass hat, enthält außerdem wertende Eindrücke des Autors (vgl. auch Lösung 4).

→ **Seite 31**
❸ Der Text verfolgt die Absicht, die Leser über die möglichen Folgen von TV-Präsenz aufzuklären (vgl. das Zitat von Güthoff „Woher soll der normale Fernzuschauer wissen …") und mögliche Kandidaten vor Casting-Shows zu warnen (vgl. „Minderjährige seien … nicht ausreichend geschützt."). Schließlich kann der Text auch als Kritik an dem Fernsehsender RTL verstanden werden (vgl. den Schlusssatz).

❹ Im Text finden sich eine Reihe offen (z. B. „Das misslang gründlich", „aufgeregt wirkenden Sprechweise") oder indirekt wertender Ausdrücke (z. B. terrorisieren, nölen, schrillen); vor allem bei den indirekt wertenden kommt es auf deine Begründung an (du könntest dem wertenden jeweils einen nicht wertenden Ausdruck gegenüberstellen, also z. B. „beschimpfen" statt „terrorisieren", „sagen/kritisieren" statt „nölen" usw.).

❺ *Kritik an RTL:* RTL klärt nicht umfassend über die Folgen der TV-Präsenz auf (Argument: jugendliche Kandidaten können nicht wissen, was auf sie zukommt)
Rechtfertigung von RTL: Es gibt keinen Bedarf, die Kandidaten zu schützen (Argument: Kandidaten wollen mit der Sendung berühmt werden)

❻ *Tipp: Wie deine Meinung aussieht, kannst natürlich nur du selbst wissen. Ein im Text nicht genanntes Argument der Kritiker könnte der Hinweis sein, dass RTL diese Anfeindungen ganz bewusst in Kauf nimmt, weil sie auch untalentierte Bewerber (also Bewerber mit einer „unrealistischen Selbsteinschätzung") zur Show zulässt. Ein von RTL nicht genanntes Argument könnte sein, dass die Bewerber mittlerweile genau wissen, dass auch Untalentierte eingeladen werden und sie auch die möglichen negativen Folgen eines Auftritts kennen.*

→ **Seite 32**
❼ a) richtig; b) falsch; c) richtig; d) richtig

8 Was ich über satirische Texte, Gesprächs- und Redenanalyse gelernt habe – Kompetenzen überprüfen

→ **Seite 33**
❶ *Zentrale Gestaltungsmittel sind:* Übertreibung (so naiv und selbstbezogen kann eigentlich kein Mensch sein), Verdichtung (durch die Auslassung der Gesprächsbeiträge von Wendriners Ansprechpartner, Max und dem Ober), Gegenüberstellung (zwischen Wendriners Verhalten und dem seiner Kinder)

→ **Seite 34**
❷ Tucholskys Kritik richtet sich gegen eine gedankenlose Erziehung und Eltern, die ihren Kindern ein schlechtes Vorbild geben und sich dann beschweren.

❸ Unter „Parodie" versteht man die scherzhafte Nachahmung eines bekanntes Werkes, einer Textsorte oder eines Schreibstils.

❹ *Sprachebenen:* Selbstausdrucksebene, Sachebene, Appellebene, Beziehungsebene;
Analyse: Auf der Selbstausdrucksebene signalisiert der Satz, dass Wendriner selbst gern noch ein Bier hätte, sich wohlfühlt und länger bleiben möchte; auf der Sachebene zeigt der Satz das reine Wissenwollen, ob der Angesprochene ein Bier möchte (im Sinne einer Ja/Nein-Frage); auf der Appellebene kann der Satz als Aufforderung verstanden werden (i. S. v. „Ich hätte gerne noch ein Bier, trinken Sie doch eines mit!"); auf der Beziehungsebene signalisiert der Satz, dass Wendriner sich in Gegenwart des Angesprochenen wohlfühlt (und ihm das so auch zeigt).

→ **Seite 35**
❺ Es handelt sich um ein privates (d. h. informelles) face-to-face-Gespräch zwischen zwei Personen (Herr Wendriner und Gesprächspartner), wobei noch der zehnjährige Sohn von Herr Wendriner anwesend ist, der sich aber nicht am Gespräch beteiligt, aber immer wieder von Wendriner angesprochen wird. Herr Wendriner dürfte seinen Gesprächspartner geschäftlich kennen (also besteht ein gewisser Vertrautheitsgrad). Gesprächsort ist ein Biergarten.

❻ a) richtig; b) falsch; c) richtig; d) falsch; e) falsch

❼ *„Intention":* Die Absicht bzw. die erwünschte Wirkung, die ein Redner mit seiner Rede verfolgt bzw. erzielen will.
Aspekte: Redesituation (u. a. Anlass der Rede, Ort, Zuhörer), Redeinhalt (u. a. Hauptaussagen, Argumentation), Redestrategie (inklusive der sprachlichen Gestaltung)

→ **Seite 36**
❽ a) Übertreibung, Steigerung des Ausdrucks (ein Meer von Tränen);
b) beschönigende Umschreibung (Freund Hein für Tod);

c) Frage, die auf keine Antwort zielt bzw. bei der die Antwort bekannt ist (Machen wir nicht alle Fehler?)

9 Was ich über Grammatik und Stil gelernt habe – Kompetenzen überprüfen

→ **Seite 37**

❶ a) 3. Pers. Singular Konjunktiv I (Präsens) Aktiv;
b) 3. Pers. Singular Konjunktiv II (Präteritum) Aktiv;
c) 3. Pers. Singular Konjunktiv I (Präsens) Passiv;
d) Partizip I;
e) 3. Pers. Singular Indikativ Perfekt Aktiv

→ **Seite 38**

❷ Der Oberkörper des Sohnes erscheint immer wieder in dieser oder jener Dachluke (= Hauptsatz), weit hinausgestreckt bis zum Nabel (= Apposition), eine Art menschliches Periskop (= Apposition), damit ja nicht der Moment verpasst werde (= Nebensatz 1: finaler Adverbialsatz), wo der Heimkehrende durchs stets offene Hoftor stolpert und seligen Schrittes über den festgestampften Lehmboden wankt (= Nebensatz 2: lokaler Adverbialsatz)

❸ a) richtig; b) falsch; c) falsch; d) richtig

❹ a) Vergleich; b) Reihung, Steigerung (Klimax); c) formelhafte Wortwiederholungen (Paarformeln); d) Ellipse (das Prädikat, z.B. „einsperren sollte", fehlt); e) Oxymoron (das Klirren von Ketten ist nicht „melodiös")

→ **Seite 39**

❺ a) Es geht an dieser Stelle nicht nur darum, dass der Vater ein Geräusch überhören könnte, sondern durch die Klimax wird zugleich die Hoffnung des Vaters ausgedrückt, der Enkel kehre „verlegen" und „greinend", d.h. reumütig und zugleich glücklich zurück. b) Die paarhaften Doppelungen sollen die Intensität zum Ausdruck bringen, mit der die Familie sich diese Rückkehr ausmalt. Zugleich soll deutlich gemacht werden, wie regelmäßig und in immer gleicher Art und Weise dies geschieht.

❻ Richtig ist, dass die Familie möchte, dass der Enkel zurückkehrt. Dies aber nicht, weil sie den Enkel liebt. Gerade die Tatsache, dass sie bis zum Schluss auf einer Strafe besteht, zeigt, dass sie nicht verstanden hat, weshalb der Enkel weggegangen ist (vgl. dazu auch Lösung 7).

→ **Seite 40**

❼ Der Enkel will sich den „melodiösen Ketten", die ihn auf dem Hofe fesseln, entziehen. Zu diesen „Ketten" gehört die Vorbestimmtheit des Lebens („weil er nicht Vater und Großvater werden will") und dessen täglich immer gleicher Ablauf, wobei Abweichungen von dieser Routine offenbar unter Strafe stehen („Strafe muss sein, wo kommen wir hin …"). Besonders die Monotonie dieses Lebens ist im Text auch durch die Sprachverwendung markiert (z.B. „Worte um Worte aus vier Mündern malen Abend um Abend die Szene bunter und bunter aus").

Tipp: Der Text liefert verschiedene interpretatorische Ansatzpunkte. Wichtig ist deshalb vor allem deine Begründung (mit Bezug auf den Text). Achte außerdem darauf, dass du auch die sprachliche Gestaltung berücksichtigst.

10 Was ich über Rechtschreibung gelernt habe – Kompetenzen überprüfen

→ **Seite 41**

❶ a) Man sucht zu einem Wort weitere Wörter desselben Stammes, um auf die Besonderheit der Schreibung aufmerksam zu werden; b) Man verlängert ein Wort, um durch die deutliche Aussprache die richtige Schreibung zu finden; c) Man überprüft bei möglichen Nominalisierungen, ob die Ergänzung eines Artikels nach dem Sprachgefühl grundsätzlich vorstellbar ist; d) Man überprüft bei möglichen Aufzählungen, ob das Komma durch „und" nach dem Sprachgefühl grundsätzlich zu ersetzen ist.

❷ a) falsch; b) richtig; c) richtig; d) richtig; e) falsch

→ **Seite 42**

❸ *Komma (1):* Aufzählung; *Komma (2):* Beginn eines Nebensatzes; *Komma (3):* Ende eines Nebensatzes/Beginn des Hauptsatzes

❹ Ein erweiterter Infinitiv mit *zu* muss vom Satz abgetrennt werden, wenn er von einem Nomen abhängt (z.B. *Er fasste den Plan, auch dieses Wochenende wieder fischen zu gehen.*), wenn im übergeordneten Satz ein Korrelat steht (z.B. *Er liebte es sehr, im See zu fischen.*) oder wenn es im übergeordneten Satz ein Verweiswort gibt (z.B. *Er kümmerte sich darum, auch künftig mit Angelschein fischen zu können.*).

❺ a) rhetorische Figur: Setzen eines engeren Begriffs für einen umfassenderen, Betonung: Synekdoche;
b) An|ti|bi|o|ti|kum, Plural: Antibiotika; c) id est = veraltend für das ist, das heißt

→ **Seite 43**

❻ a) Infinitiv (Präsens); b) Grundform (Nominativ Singular); c) Nominativ Singular

❼ Übersichtskästen finden sich oft dann, wenn ein Wort in vielen Wendungen vorkommt, für die unterschiedliche Regelungen bei der Groß- und Klein- und/oder bei der Getrennt- und Zusammenschreibung gelten.

❽ Man wendet am besten das Verfahren der Textlupe an, d.h. man liest den Text mehrmals und achtet jeweils auf einen anderen möglichen Fehlerschwerpunkt (Tippfehler, Großschreibung, Zeichensetzung usw.).

❾ *Folgende Wörter solltest du markiert haben:* Notizbuch (Z. 4), übertriebene (Z. 5f.), englische (Z. 11), Geschlechtern (Z. 13), männlich (Z. 13), Leib (Z. 16), seine (Z. 21), vom (Z. 23)

Lernen und Üben

1 Referieren und Präsentieren

1.1 Sich informieren

→ **Seite 45**

❶ *Mögliche Fragen könnten sein:* Welchen Tieren werden Sprach- oder Kommunikationsfähigkeiten zugesprochen? Was bedeutet „Kommunikationsfähigkeit“ im Zusammenhang mit Tieren überhaupt? Welche Beobachtungen und Beweise für die Kommunikationsfähigkeit von Tieren gibt es? Gibt es bekannte Beispiele für Tiere, die mit Menschen kommunizieren? Wie verstehen Tiere unsere Sprache (folgen Hunde zum Beispiel Befehlen)?
Tipp: Wichtig sind nicht die einzelnen Fragen an sich, sondern, dass du dich mithilfe der Fragen auf das Thema einlässt und es strukturierst.

→ **Seite 46**

❷ Während ein Buchautor mindestens einen Verleger bzw. einen Verlag braucht und in der Folge dann auch eine Buchhandlung/Bibliothek, die das Buch kauft und ins Regal stellt, und damit zumindest zwei Kontrollinstanzen durchlaufen muss, kann im Internet jeder frei und nahezu ohne Kontrollinstanzen veröffentlichen.

1.2 Ein Referat planen und ausarbeiten

❶ *Tipp: Hier gibt es keine Lösung im eigentlichen Sinn: Wichtig ist, dass du den Text aufmerksam und zielgerichtet unter dem Fokus deiner Fragen gelesen hast.*

→ **Seite 47**

❷ *Tipp: Wichtig ist hier, dass du eine sinnvolle Abfolge der wichtigsten Aspekte gefunden hast, also z. B. entweder zuerst allgemein auf Tiersprache eingehst und dann konkrete Beispiele bringst oder umgekehrt, die Bereiche aber nicht mischst; außerdem sollte sich aus dem Schlussteil ein Bezug zum Einstieg in das Referat ergeben. Eine mögliche Gliederung könnte so aussehen:*
Einleitung: Können Tiere sprechen? – bis ins 20. Jahrhundert galt Sprache als ausschließlich menschliche Eigenschaft – heute sieht das die Wissenschaft anders
Hauptteil: • Karl von Frisch und die Tanzsprache der Honigbienen • Roger Fouts und Schimpansen • weitere kommunikationsfreudige Tiere (Delfine, Papageien usw.) • allgemeine Beschreibung der Tiersprache: Formen der Signalübertragung, situationsbezogene Verhaltensweisen
Schluss, Fazit: viele Tierarten verfügen über hochkomplexe Kommunikationssysteme, die man als „eigenständige Formen einer Sprache“ sehen muss

→ **Seite 48**

❸ *Wichtig ist, dass du auf deiner Karteikarte eine (fiktive) Nummer notiert und das Thema der Karte durch eine Überschrift (Tanzsprache der Bienen) hervorgehoben hast. Die wesentlichen Inhalte solltest du stichwortartig in der Reihenfolge notiert haben, in der du sie vortragen willst,* z. B.: • Futtersache mithilfe von eigener komplexer Körpersprache • zwei Standardtänze: Rund- und Schwänzeltanz • Geruch der Futterquelle trägt Biene im Körperpelz • Rundtanz: Nahrung unter 50 m, ohne Richtung • Schwänzeltanz: Nahrung ist weiter entfernt, mit bestimmter Richtung und Entfernung zur Quelle: andere Bienen laufen der tanzenden hinterher, um Infos aufzunehmen.
Diese Stichpunkte sind nur ein Vorschlag. Was genau du auf deine Karteikarte aufnimmst, hängt nicht zuletzt auch davon ab, was du dir wie am besten merken kannst.

→ **Seite 49**

❹ *weitere Möglichkeiten:* einen Test oder ein Experiment durchführen, eine lustige Anekdote erzählen (z. B. bei Biografien), Bild- oder Tonmaterialien präsentieren, eine provokante These formulieren u. a.

❺ *Tipp: Hier gibt es natürlich verschiedene Möglichkeiten; am besten zeigst du deine Lösung einem Mitschüler und besprichst sie mit ihm. Achtung: Du solltest nicht vergessen, das Thema deines Referats zu nennen und zum Hauptteil überzuleiten.*

→ **Seite 50**

❻ Als Visualisierung bietet sich eine grafische Darstellung des Ablaufs (ggf. in mehreren Bildern) des Schwänzeltanzes der Bienen an, da der Ablauf des Tanzes, wenn er nur mündlich erläutert wird, schwer verständlich ist.

❼ *Computerprogramme: Vorteile:* festgelegte, sichere Reihenfolge, entlasten den Vortragenden; *Nachteile:* keine spontanen Änderungen möglich; binden stark die Aufmerksamkeit der Zuhörer
Overheadprojektor: Vorteile: Darstellungen können jederzeit leicht ergänzt werden, spontane Änderungen der Reihenfolge möglich; *Nachteile:* Folien können verrutschen oder durcheinander geraten; Folienteile, die nicht besprochen werden, sind oft sichtbar

1.3 Ein Präsentationsprogramm für Vorträge nutzen

❶ Die Folie ist sehr unübersichtlich gestaltet und in dieser Form kaum gut lesbar, die Illustrationen sind wenig hilfreich, da ungeordnet; der Bearbeiter hat sich außerdem nicht auf die Kernaussagen beschränkt, sondern einfach eine längere Textpassage wiedergegeben.

→ **Seite 51**

❷ *Tipp: Hier gilt: Probieren geht über studieren! Sicherheit im Umgang mit Computerprogrammen gewinnst du, wenn du dich viel mit ihnen beschäftigst und die verschiedenen Möglichkeiten einfach ausprobierst. Wenn es beim ersten Mal also nicht klappt, dann lass dich nicht entmutigen und versuche es weiter!*

1.4 Ein Feedback geben und entgegennehmen

→ **Seite 52**

❶ Ein Feedback soll einem Referenten helfen, seinen Vortrag beim nächsten Mal besser (oder genauso gut) zu gestalten.

❷ *mögliche Kriterien sind: Inhalt:* • Darstellung war gut verständlich und durch Beispiele gestützt; • Referat war lebendig und ansprechend; • es wurden unterschiedliche Quellen benutzt und nicht einseitig informiert; • Visualisierungen waren sinnvoll ausgewählt und hatten einen hohen Informationsgehalt
Präsentation: • der Vortragende sprach laut und deutlich und hatte eine den Zuhörern gegenüber offene Körpersprache; • der Vortragende hat auf seine Zuhörer reagiert (z. B. Fragen beantwortet); • die Präsentation war gut vorbereitet, die Medien wurden technisch beherrscht; • der Vortragende strahlte Sicherheit und Ruhe aus

2 Argumentieren und Erörtern

2.1 Argumentieren

→ Seite 53

❶ A: Autoritätsargument (Bezug auf Ärzteverbände und Wissenschaftler); B: normatives Argument (allgemeine soziale Verantwortung der Schule); C: Faktenargument (Verweis auf wissenschaftliche Studien)

❷ *weitere Argumente sind etwa:* Handys lenken die Schülerinnen und Schüler in ihrer Aufmerksamkeit ab und stören, wenn vielleicht auch versehentlich, immer wieder den Unterricht. Handys ermöglichen neue Täuschungsmanöver bei Klassenarbeiten. Zum Erlernen des richtigen Umgangs mit Handys gehört auch, die Grenzen der allzeitigen Erreichbarkeit zu akzeptieren. Handys treiben nicht wenige Jugendliche in die Schuldenfalle: Auch hier darf die Schule, indem sie die Handybenutzung gestattet, nicht noch Vorschub leisten.

2.2 Eine Erörterung vorbereiten

→ Seite 54

❶ gegen ein generelles Handy-Verbot an Schulen spricht z. B.: Handys sind für viele Jugendliche (und ihre Familien) ein unverzichtbares Kommunikationsmittel geworden; Handys geben vielen Jugendlichen Sicherheit; gerade die Schule sollte der Ort sein, an dem ein sinnvoller Umgang mit Handys erlernt werden kann; ein Handy-Verbot wäre nur sehr schwer wirkungsvoll zu kontrollieren (und Verbote, die nicht durchgesetzt werden, sind nutzlos)

❷ a) Die Maßnahme X wurde in den USA bereits sehr erfolgreich umgesetzt. (Argument betrifft unmittelbar den strittigen Sachverhalt); b) Die Maßnahme Y nutzt 55% der Bevölkerung. (Argument hat eine größere Reichweite); c) Die Maßnahme Z ist gesundheitsschädlich. (das Argument betrifft einen allgemein hochgeschätzten Sachverhalt)

❸ *Tipp: Die Lösung hängt natürlich von den Argumenten ab, die du gefunden hast. Wichtiger als die Reihenfolge selbst (die auch subjektiv sein kann) ist außerdem, dass du dich mit den Argumenten noch einmal genau befasst und dir Gedanken über sie (z. B. also über ihre Reichweite) gemacht hast.*

2.3 Erörtern

2.3.1 Eine freie Erörterung verfassen

→ Seite 56

❶ ❷ *Tipp: Die Lösung dieser Aufgaben hängt natürlich von deiner Sichtweise auf das Problem ab. Wichtig ist, dass du alle Hinweise beachtet hast. Wichtig ist außerdem, dass das Thema eine dialektische Fragestellung darstellt, d. h. dass deine Erörterung auch im Aufbau dialektisch angelegt sein muss.*

2.3.2 Eine textgebundene Erörterung verfassen

❶ Der Autor Ludger Hoffmann nimmt zur Frage, ob man nichtmuttersprachlichen Schülern verbieten sollte, auf dem Schulhof eine andere Sprache zu sprechen, Stellung und lehnt ein solches Verbot als sinnlos, wenn nicht sogar schädlich ab.

→ Seite 58

❷ Hoffmanns Hauptargument besteht in dem Hinweis auf „wissenschaftliche Untersuchungen“, die zeigten, dass „die Zweitsprache auf der Basis einer entwickelten Muttersprache am besten gelernt wird und ein zu früher Entwicklungsstopp schädlich sein kann“ (Z. 12 ff.). – An den Fakten selbst (d. h. dass der Inhalt der „wissenschaftlichen Untersuchungen“ durch den Autor richtig wiedergegeben wird) dürften kaum Zweifel bestehen. Allerdings dauert eine Pause vielleicht zwanzig Minuten und dürfte somit kaum für einen „frühen Entwicklungsstopp“ des Erstspracherwerbs verantwortlich gemacht werden.

❸ *Folgende Merkmale könnten dir aufgefallen sein:* Verwendung fachsprachlicher Begriffe („Zweitsprache“, „Kommunikation“ usw.), Metaphern („Räume für Muttersprache öffnen“, „erster Zugang zur Welt“ usw.), rhetorische Frage („Aber es soll doch unter allen Umständen Deutsch gelernt werden?“), Litotes („ … und es gab Widerspruch, der allerdings *kaum gut begründet* auftrat“), häufige Passivverwendung und hypotaktischer Satzbau

❹ *Die Lösung dieser Aufgabe hängt natürlich von deiner Sichtweise auf das Problem ab. Wichtig ist, dass du alle Hinweise beachtet hast. Selbstverständlich kannst du auf deine bisherigen Arbeitsergebnisse zurückgreifen.*

3 Erzählende Texte untersuchen und interpretieren

3.1 Arten von Erzähltexten unterscheiden

→ Seite 59

❶ *es muss nacheinander ergänzt werden:*
Novellen: einsträngige Handlung, einen Höhe- oder Wendepunkt aufweisen – *Romane:* verschiedene Erzählstränge, breiten Wirklichkeitsausschnitt – *Kurzgeschichten:* Schluss ist offen – *Gleichnisse:* Vergleichspunkt – *Parabeln:* Gleichniserzählungen, verschiedene Bedeutungen

❷ Der Text „Fünfzehn“ setzt den Leser unvermittelt in das Geschehen (es gibt keine Einleitung, Ort und Zeit der Handlung werden nicht genannt, die Figur der Tochter bleibt namenlos; allerdings werden die Tochter und ihr Verhalten ausführlich beschrieben), die Geschichte nimmt eine überraschende Wendung (die Tochter glaubt zwar an die Spinnen, findet aber eine bessere Möglichkeit, als zu putzen) und hat ein offenes Ende (es bleibt unklar, ob bzw. wann die Tochter ordentlicher werden wird). Die eigentliche Handlung (der Hinweis des Vaters auf die Spinnen und die Reaktion der Tochter) entwickelt sich schnell und dialogisch.

3.2 Gestaltungsmittel in erzählenden Texten

→ **Seite 61**

❶ personale Ich-Erzählung; es überwiegt das berichtende Erzählen (stellenweise durch den Erzähler kommentiert); direkte Rede (die geträumten Äußerungen der Richterin einer Quizshow sowie das Telefongespräch: „Nein, nichts Besonderes, ich habe heute einen freien Tag. Ja, viel gearbeitet, auch am Wochenende. Ein bisschen Schnupfen, aber sonst geht`s mir gut.", vgl. Z. 14 ff.), es dominiert aber die erlebte Rede bzw. der innere Monolog; es wird zeitraffend erzählt (der Ablauf eines halben Tages auf einer Seite), am Textanfang gibt es eine kurze Rückblende.

→ **Seite 62**

❷ Motiv der Ordnung (bzw. der Sauberkeit)

→ **Seite 63**

❸ *Wortebene:* weitgehend alltagssprachlich (mit einigen eher umgangssprachlichen Ausdrücken wie „wegschmeißen", „gucken" oder „rumstöbern" sowie fachsprachlichen Wörtern: „Ganzaufnahme", „Stimme aus dem Off")
Satzebene: auffällig sind zunächst das Liedzitat sowie in der Traumszene die Großbuchstaben; der Satzbau wechselt zwischen Sätzen mittlerer Länge und kurzen, elliptischen Äußerungen (z. B. „Sechs Tage.", „Meine Mutter, mein Vermieter."), einige rhetorische Fragen (z. B. „Was hätte ich sagen sollen?", „Was sollte ich sonst tun?")

3.3 Einen Erzähltext (analysierend) interpretieren

❶ *Aspekte, die für die Deutungshypothese sprechen,* z. B. der Erzähler erscheint nicht bei seiner Arbeit; er lügt seine Mutter an und vertrödelt den Tag; er richtet rhetorische Fragen an sich selbst (d. h. Fragen, auf die er eigentlich keine Antwort sucht)
Aspekte, die der Deutungshypothese widersprechen, z. B. der Erzähler schätzt sein Verhalten richtig ein (er weiß also, dass sein Verhalten nur den Anschein erwecken soll, dass er sein Leben im Griff hat), er ruft seine Mutter an (statt sich davor zu drücken), ihm ist es nicht egal, was andere von ihm denken (Friseur, Pornohefte usw.)

→ **Seite 64**

❷ *Die korrigierte Hypothese könnte so lauten:* Der Text „Übungen in Disziplin" zeigt einen Menschen, der kurz davor ist/Gefahr läuft, die Kontrolle über sein Leben zu verlieren.

❸ *Tipp: In deinem Tagebucheintrag sollte deutlich werden, dass der Erzähler erkannt hat, dass er sein Leben nicht dadurch in den Griff bekommt, dass er so tut, als er hätte er es im Griff. Seine konkreten Zukunftspläne könnten folglich darin bestehen, mit Nines Eltern zu sprechen (vgl. Z. 7), sich bei seinem Chef für sein Fehlen zu entschuldigen oder eventuell seine Eltern um Hilfe oder Rat zu bitten.*

❹ *Hier kannst du auf die bisherigen Untersuchungsergebnisse zurückgreifen. Wichtiger als der Inhalt ist dabei, dass dein Text formal gegliedert ist und einen „roten Faden" hat.*

❺ *Tipp: Beachte, dass auch bei dieser Interpretation dein Text grundsätzlich in Einleitung, Hauptteil und Schluss gegliedert ist. Nach der Einleitung, in der du zumindest den Titel, den Autor, die Textsorte (Kurzgeschichte) und das Thema (z. B. Vater-Tochter-Beziehung) benannt haben solltest, fasst du die Geschichte kurz zusammen. In deiner Charakterisierung der Beziehung zwischen dem Erzähler und seiner Tochter sollte deutlich werden, dass der Erzähler viel Verständnis für seine Tochter aufbringt, die Beziehung also nicht konfliktträchtig ist. Dass es dem Erzähler trotzdem nicht gelingt, seine Tochter zu einer gewissen Ordnung zu bringen, kann als Beleg dafür genommen werden, wie schwierig sich die Beziehung zwischen Jugendlichen und Erwachsenen manchmal gestalten kann (= Interpretation, d. h. weder Vater noch Tochter machen etwas falsch, sie sind in ihrem Alter jeweils so). Wie dir der Text gefallen hat (= Bewertung), kannst nur du selbst wissen. Wichtig wäre, dass du deine Bewertung auch begründet hast.*

4 Gedichte untersuchen und interpretieren

4.1 Gedichtformen unterscheiden

→ **Seite 65**

❶ Es handelt sich um eine Ballade, also um ein Erzählgedicht (der Schiffer als Erzähler), in dem auf einen Höhepunkt hin erzählt wird (der Erzähler war selbst der von Lore Lay Auserkorene) und das zahlreiche dialogische Figurenrede enthält. In dem Gedicht herrscht außerdem eine düstere Grundstimmung vor (das Sterbenwollen und der Tod von Lore Lay, der Tod der drei Ritter).

→ **Seite 66**

❷ Das Gedicht „Lore Lay" ist, wie viele Volkslieder, in Strophen mit vier Versen verfasst, wobei die Verse dreihebig (z. B. „Ich wíll noch eínmal séhen") sind und sich reimen (Kreuzreim). Der Gedichtinhalt ist dabei schlicht und von allgemein menschlichem Gehalt (der Stoff des Gedichts geht auf eine Sage zurück). Außerdem finden sich einige Kehrreime bzw. kehrreimähnliche Verse (z. B. „Du schöne Lore Lay!", „Die schöne Lore Lay."; „Ich will noch einmal sehen", „– Ich will noch einmal sehen"; „Der soll mein Liebster sein!", „Er muss mein Liebster sein! –").

→ **Seite 67**

❸ Es handelt sich um ein Sonett: Das Gedicht besteht aus zwei Quartetten und zwei Terzetten, die alle durch gleiche Reime miteinander verbunden sind (3 x „Hand" und „fand"). Inhaltlich werden Gegensätze ausgedrückt (Strophe 1: „Sie", Strophe 2: „Er", Strophe 3: „Jedoch").

4.2 Gestaltungsmittel in Gedichten erkennen

❶ *es muss nacheinander ergänzt werden:*
a) Perspektivfigur, lyrisches Ich, Rollen-Ich, unbenannt bleiben; b) Handlung, lyrische Situation, Thema, Motive; c) Gedichtform, Verse, Kreuzreim, umarmender Reim, Trochäus, Daktylus; d) Sprachbilder, Vergleich, Metapher, Personifikation; e) Grammatik, Satzbau, Klanglichkeit, Klangfiguren

→ **Seite 68**

❷ a) richtig; b) falsch; c) falsch; d) richtig; e) falsch; f) richtig

4.3 Ein Gedicht interpretieren

→ **Seite 69**

❶ *Tipp: Wie deine Deutungshypothese ist, kannst natürlich nur du wissen (z. B. „Das Gedicht zeigt, wie die Selbstsicherheit von Menschen in einer Beziehung verloren gehen kann."). Wichtig ist, dass du dich mit dem Gedicht bereits gründlich auseinandergesetzt und es unter verschiedenen Aspekten (Inhalt, Sprache usw.) untersucht hast.*

→ **Seite 70**

❷ a) Gedichtaufbau und -inhalt markieren Gegensätze (vgl. dazu auch Lösung ❹): Mann – Frau, Sicherheit – Unsicherheit, voller Becher – ausgeschütteter Wein; b) Die Bilder sind Symbole für Liebe bzw. Sexualität. Man kann das Gedicht so verstehen, dass der ausgeschüttete Wein ein Zeichen dafür ist, dass die „beiden" nicht zusammengefunden haben, „er" also nicht von ihrem „Wein getrunken" hat.

❸ *Tipp: Wie du das Gedicht deutest, hängt vor allem davon ab, wie du das Symbol des Bechers bzw. des Weines deutest (vgl. Lösung ❷ b); denkbar ist hier auch, dass der Wein, den die Frau so sorgsam gehütet hat, nun auf den Boden rollt, weil die beiden sich – trotz aller Unsicherheit – gefunden haben.*

❹ *Strophe 1:* beschrieben wird die (junge) Frau, die leicht und sicher wirkt; aus dem Becher, den sie trägt, geht keine Flüssigkeit (Wein) verloren – *Strophe 2:* beschrieben wird ein (junger) Mann, der reitet; auch er wirkt leicht und fest, so wie er sein Pferd zum Stehen bringt – *Strophe 3:* zeigt einen Gegensatz bzw. eine Einschränkung zu den vorigen Strophen: als die beiden sich begegnen und er von ihrem Wein trinken will, wirken beide unsicher – *Strophe 4:* die Unsicherheit steigert sich, sodass „keine Hand die andre fand"; der Wein wird verschüttet

→ **Seite 71**

❺ *Tipp: Hier kommt es weniger auf den Inhalt an (du kannst auf deine bisherigen Arbeitsergebnisse sowie die Lösungen zum Gedicht „Die Beiden" zurückgreifen), sondern vielmehr darauf, dass du dir überlegt hast, wie du die einzelnen Untersuchungsergebnisse gliederst bzw. mit ihnen deine Deutung stützt. Hierbei solltest du einen „roten Faden" gefunden haben, der durch deinen Text führt. Achte darauf, dass sich dein Interpretationsaufsatz an der Standardsprache orientiert und du nichts behauptest, was du nicht auch begründet hast. Kontrolliere abschließend, ob deine Arbeit auch formal korrekt ist (Rechtschreibung, Grammatik, Zitierweise).*

→ **Seite 72**

❻ *Tipp: Hier gibt es natürlich verschiedene Möglichkeiten, ein solches Parallelgedicht zu gestalten. Wichtig ist, dass du dich in deinem Gedicht an der Vorlage orientierst (Sonettform, die Gegensätzlichkeit der beiden); dabei kannst du deinem Gedicht auch einen anderen Schluss geben oder die beiden Figuren anders charakterisieren.*

❼ *Tipp: Bei deiner Interpretation solltest du dich an den Aufbau, wie er im Merkekasten beschrieben ist, gehalten haben. Formal folgt das Gedicht einem vierhebigen trochäischen Grundmuster (drei vierzeilige Strophen mit Kreuzreimen). Inhaltlich solltest du erkannt haben, dass die Fragen nach dem Warum und Woher (vgl. Strophe 1) einer schmerzvollen Liebe in Strophe 2 auf die Natur übertragen werden. In Strophe 3 wird dann deutlich, dass die ursprünglichen Fragen verfehlt sind: Genauso wenig, wie sich der Wind aufhalten noch der Ursprung des Wassers in der Quelle entdecken lässt, so wenig gehorcht die Liebe den Wünschen der Liebenden. Auffällig in der Gestaltung ist außerdem, dass das Adjektiv „bitter" mit dem Adjektiv „süß" kontrastiert wird, was übertragen den Gegensatz zwischen dem Schmerz und dem Glück der Liebe ausdrückt. – Achte darauf, dass deine Arbeit auch formal korrekt ist (Rechtschreibung, Grammatik, Zitierweise).*

5 Szenische Texte untersuchen und interpretieren

5.1 Arten von szenischen Texten unterscheiden

→ **Seite 73**

❶ *Tragödie:* Untergang des Helden; *Komödie:* Scheinkonflikt, menschliche Schwäche; *bürgerliches Trauerspiel:* Tragödie, Personen aus dem Adel; *Tragikomödie:* Komödie, groteske Züge; *Hörspiele:* Musik und Geräusche, Regieanweisungen; *Sketch:* Akte und Szenen, satirische Form

❷ *Hier kommt es auf deine Begründung an.*
Einerseits ist nicht sicher, dass es sich um einen Konflikt handelt, der sich zwischen bürgerlichen und adligen Personen entwickelt (Emilia könnte gut adlig sein, wenn sie mit einem Grafen verlobt ist). Andererseits sagt Claudia vom Prinzen, dass es sich im Vergleich zum Grafen Appiani um einen „so wichtigen Mitbewerber" handelt, sodass Standesunterscheide sehr wohl eine Rolle spielen könnten (dafür spricht auch die Tatsache, dass es sich der Prinz erlauben kann, Emilia überhaupt so dreist anzusprechen).

5.2 Gestaltungsmittel in szenischen Texten erkennen

→ **Seite 74**

❶ Der zentrale Konflikt dürfte in dem Interesse des Prinzen an Emilia Galotti bestehen, das dieser skrupellos (der Prinz spricht Emilia an ihrem Hochzeitstag und in der Kirche bei der Andacht an!) verfolgt.

→ **Seite 77**

❷ Zum einen könnte eintreten, was Emilia bereits vermutet, nämlich dass Appiani von anderer Seite vom Interesse des Prinzen an Emilia erfährt und er ihr dann Vorwürfe macht, weil sie ihm nichts gesagt hat. Zum anderen könnte sich der Prinz ermutigt fühlen (Emilia hat ihm nicht „in *einem* Blicke alle die Verachtung" bezeigt) und Emilia mit weiteren „Nachstellungen" belästigen. Darüber hinaus könnte es zu einem Konflikt zwischen Claudia (und Emilia) und dem Vater von Emilia kommen.

5.3 Einen szenischen Text interpretieren

❶ *Abschnitt 2* (Z. 25–41): zusammenhängende Schilderung Emilias über die Geschehnisse in der Kirche während der Andacht – *Abschnitt 3* (Z. 42–54): Erleichterung der Mutter darüber, dass Emilias Vater schon weggegangen ist – *Abschnitt 4* (Z. 55–74): Emilia berichtet über die weiteren Nachstellungen des Prinzen und ihre Unfähigkeit zu einer deutlich abweisenden Reaktion; Beruhigungsversuch der Mutter – *Abschnitt 5* (Z. 75–88): Emilias Vorhaben, den Grafen Appiani über den Vorfall zu informieren; das Abraten der Mutter – *Abschnitt 6* (Z. 90–104): Verharmlosung des Vorgefallenen („Galanterie") durch die Mutter; Erleichterung von Emilia

→ **Seite 78**

❷ Die Mutter will Emilia einerseits trösten und beruhigen, andererseits aber auch verhindern, dass der Vater und Emilias Verlobter etwas von dem Vorfall erfahren, da sie schwere Vorwürfe ihres Mannes fürchtet (vgl. „Ha, du kennst deinen Vater nicht!"). Sie wirkt dabei mit verdeckten Drohungen (vgl. „Dein gutes Gestirn behüte dich vor dieser Erfahrung.") und rhetorischen Fragen („Wozu? warum?") bzw. bestürzten Ausrufen („Schwachheit! verliebte Schwachheit!") auf Emilia ein. Am Szenenende (vgl. Z. 100 ff.) kommt es zur sich steigernden Übertreibung.

❸ Emilia vertraut ihrer Mutter vollkommen (sie fällt ihr etwa in die Arme und wünscht ihren Rat) und „unterwirft sich" ihren „bessern Einsichten" (vgl. Z. 84). Die Mutter ihrerseits ist für Emilia da und kümmert sich, wenn auch nicht ohne Eigeninteresse, um ihre Tochter.

❹ *Tipp: Wichtiger als der Inhalt (hier kannst du auf die Lösungen zu den Aufgaben dieses Kapitels zurückgreifen) ist, dass du einen zusammenhängenden, in sich gegliederten Text verfasst hast, der auch im Hauptteil einen „roten Faden" erkennen lässt. In der Einleitung solltest du den Titel des Stücks, den Autor, die Textsorte sowie den Ausschnitt selbst (2. Aufzug, 6. Auftritt) benannt haben. Den Hauptteil kannst du mit einer kurzen Inhaltszusammenfassung beginnen, danach das Gesprächsverhalten der Mutter charakterisieren und dabei auf die Beziehung zu ihrer Tochter eingehen. Im Schlussteil solltest du die möglichen Folgen dieses Gesprächs für die Gesamthandlung benennen (mit Begründung; vgl. dazu Aufgabe ❷ im Abschnitt 5.2).*

6 Sachtexte analysieren und bewerten

6.1 Sachtexte analysieren

→ **Seite 79**

❶ *informieren:* berichten, definieren; Lexikonartikel, Fachartikel – *argumentieren:* widerlegen, rechtfertigen; Kommentar, Leserbrief – *appellieren:* empfehlen, verbieten; Gesetzestext, Einladung

❷ Der Text enthält zwar wie etwa ein Bericht einige Sachinformationen (zum Beispiel die Umfragewerte des „ZDF-Politbarometers") und ist insofern informierend; in der Hauptsache aber ist der Text argumentierend-appellativ (vgl. dazu die Aufgaben ❹ und ❺). Appellativ ist er insofern, als er deutlich macht, dass sich die reichen Länder des Nordens nicht einschränken, sondern nur „Lippenbekenntnisse" abgeben (daraus folgt indirekt der Appell: Berücksichtigt stärker die Interessen der Länder des Südens!).

→ **Seite 81**

❸ *Deine inhaltliche Zusammenfassung könnte so aussehen:* • Herausforderungen des Klimawandels machen Abkehr von traditionellen Denkmustern notwendig – • Klimawandel als Folge des Produktivitätsdrucks – • Radikaler politischer Kurswechsel muss stattfinden: reicher Norden muss Interessen des armen Südens berücksichtigen

❹ *Folgendes sollte dir deutlich geworden sein:*
Die zentrale These des Textes, vgl. die Überschrift, ist „Das 21. Jahrhundert kann nur verstehen, wer sich mit Klimawandel auseinandersetzt". Diese These ist verknüpft mit der durch die rhetorische Frage „Hat sie begriffen, dass eine gewaltige Revolution folgen muss?" ausgedrückten Behauptung, dass dies nicht der Fall ist. Die restlichen Inhalte belegen im Wesentlichen entweder, dass die Menschen noch nicht die zentrale Bedeutung des Klimawandels erkannt haben, und/oder direkt die zentrale These.

→ **Seite 82**

❺ a) kausale Verknüpfung (weil der Klimawandel eine Folge des Produktivitätsdrucks ist, muss Kurswechsel erfolgen); b) konzessive Verknüpfung (obwohl der Kampf um einen „Platz zum Leben" längst entbrannt ist, gibt es bisher nur Lippenbekenntnisse der führenden Politiker aus dem Norden); c) kausale/konsekutive Verknüpfung (weil die Folgen fatal sind, muss Kurswechsel stattfinden/die Folgen sind fatal, sodass ein Kurswechsel stattfinden muss; d) finale Verknüpfung (Abkehr von traditionellen Denkmustern ist notwendig, damit politischer Kurswechsel stattfinden kann)

❻ Den Text von Dominique Vidal könnte man der Textsorte „Essay" oder „Stellungnahme" zurechnen, für die die Verwendung der folgenden sprachlichen Mittel typisch ist: a) rhetorische Frage; b) bildlicher Ausdruck/Übertreibung; c) Bewertung/Ironie; d) bildlicher Ausdruck/Bewertung

6.2 Eine Sachtextanalyse verfassen

→ Seite 83

❶ Beide Einleitungen enthalten im Wesentlichen dieselben Angaben, doch ist Einleitung B besser, weil in ihr der Leser durch die zentrale Frage aus dem Text direkt angesprochen und damit sein Interesse gelenkt wird (anders als in Einleitung A werden die Punkte also nicht nur „abgearbeitet"). Einleitung B gibt mit der Bewertung „in seinem engagierten Text" außerdem einen Ausblick auf die persönliche Stellungnahme des Schreibenden und damit auf den Schluss.

→ Seite 84

❷ *Hier kommt es vor allem darauf an, dass du die Hinweise im Merkekasten berücksichtigt hast. Darüber hinaus sollte dein Text einen „roten Faden" haben, der den Leser von der Einleitung bis zum Schlussteil durch den Text führt (das heißt, dass du die einzelnen Punkte nicht einfach nur „abgearbeitet", sondern zu einem einheitlichen Ganzen zusammengefügt haben solltest). Vergiss nicht, deinen Text inhaltlich und sprachlich zu kontrollieren und ggf. zu überarbeiten.*

❸ *Hier gilt zunächst dasselbe wie für Aufgabe ❷. Inhaltlich solltest du Folgendes erfasst haben:*
Die Natur hat für den Menschen auch ökonomisch einen riesigen Wert (jährlich schätzungsweise rund 33.000 Milliarden Dollar). Dass wir diesen Wert nicht schützen und damit auch ernsthafte wirtschaftliche Konsequenzen in Kauf nehmen, liegt nach Ansicht der Autorin daran, dass die westlichen Industriegesellschaften Natur nur als „auszubeutendes Territorium" betrachten: Hier müsse ein Umdenken stattfinden, was die Frage aufwirft, wie viel Natur den Menschen eigentlich zur Verfügung steht (zum „ökologischen Fußabdruck" siehe Aufgabe ❸ im Abschnitt 6.3).

6.3 Diskontinuierliche Texte auswerten

→ Seite 85

❶ Überschrift b); Begründung: Die Überschrift d) ist falsch, die Überschriften a) und c) sind zu allgemein.

❷ Die Angaben in der Tabelle machen deutlich, dass der Klimawandel nachhaltige Veränderungen über einen längeren Zeitraum hinweg haben wird und dabei auch die Ursachen des Klimawandels (CO_2-Emission, Bevölkerung) zunehmen werden.

→ Seite 86

❸ Der „ökologische Fußabdruck" bezeichnet die Fläche (in Hektar), die ein Bewohner eines Landes durchschnittlich als Ressource für seinen Lebensstil (inklusive Abfallbeseitigung) benötigt. Die Karte spiegelt die Größenverhältnisse des „ökologischen Fußabdrucks" für die wichtigsten Länder wieder, indem sie Länder mit einem großen Fußabdruck entsprechend dicker und Länder mit einem kleinen Fußabdrucks entsprechend dünner darstellt. So wird sichtbar, dass sich die westlichen Industrieländer (USA, Kanada, Großbritannien, Frankreich, Belgien, aber auch Deutschland, Italien und China) auf Kosten vor allem von Südamerika und Afrika „dick" machen.

→ Seite 88

❹ Abbildung 3 zeigt den prognostizierten Zuwachs der Weltbevölkerung (sowie von Asien, Indien und China) bis zum Jahr 2050 und gibt gleichzeitig an, wie viele Menschen die Erde mit gehobenem (2 Milliarden) und mittlerem Lebensstandard (6 Milliarden) verträgt. Sie zeigt somit, dass die Erde zu klein ist für den gegenwärtigen Lebensstandard der nördlichen Länder (inklusive Asien). Mit anderen Worten: Entweder reduzieren viele oder alle Länder ihren „ökologischen Fußabdruck" oder die Erde wird zu klein (vgl. im Text „... bräuchten wir einen zweiten Planeten. Der ist einstweilen jedoch nicht in Sicht.").

6.4 Sachtextaussagen in diskontinuierlichen Texten visualisieren

→ Seite 89

❶ Balkendiagramm; *Begründung:* Es sollen weder eine Entwicklung (also kein Kurvendiagramm) noch verschiedene Anteile an einem Ganzen (also kein Kreisdiagramm) veranschaulicht werden. Die Zahlen könnten natürlich auch tabellarisch dargestellt werden, doch damit würden die Größenverhältnisse ja gerade nicht veranschaulicht.

❷ Die Abbildungen entsprechen in dieser Reihenfolge den Schritten: 3, 1, 2, 4.

→ Seite 90

❸ Hier musst du einfach die Anweisungen genau befolgen. – *Tipp: Probieren geht über studieren! Sicherheit im Umgang mit Computerprogrammen gewinnst du, wenn du dich viel mit ihnen beschäftigst und die verschiedenen Möglichkeiten einfach ausprobierst. Wenn es beim ersten Mal also nicht klappt, dann lass dich nicht entmutigen und versuche es weiter!*

7 Medientexte analysieren und bewerten

7.1 Medientexte analysieren

→ Seite 91

❶ *Bericht:* sachlicher, darstellender Stil – *Stellungnahme:* Parteinahme durch den Autor; tagesaktueller Bezug; argumentative Grundstruktur – *Reportage:* anschauliche, lebendige Sprache; Vor-Ort-Recherche

❷ Bericht; *Begründung:* tagesaktueller Bezug, typischer Aufbau (Basisinformationen + Zusatzinformationen), weitgehend sachlich-darstellende Sprache; umgekehrt hat der Text keine argumentative Grundstruktur und auch keinen allgemeinen, über Bennis Fall hinausgehenden Hintergrund

→ **Seite 92**

❸ Auffällig ist zunächst der dominierende Bildanteil am gesamten Artikel (Bildfläche entspricht in etwa der Textfläche). Das Bild sowie die dicke Überschrift und die fett gedruckten Stellen lenken dabei die Aufmerksamkeit des Lesers und enthalten den zentralen Inhalt, der auf diese Art und Weise gleich sehr oft wiederholt wird: „Bohlen holt Benni zurück“, „Der Kleine ist wieder da!“, „hat Bohlen das coole Casting-Küken wieder eingefangen“, „Bohlen konnte Benjamin überreden, bei DSDS wieder einzusteigen“ „‚Ich komme zurück‘, sagte Benni zu BILD“.

→ **Seite 93**

❹ Der Text ist sprachlich einfach (kurze, meist parataktische Sätze) und, auch durch die Zitate, an der Alltags- bzw. Umgangssprache angelehnt (z. B. „hatte hingeschmissen“, „Mama Heidi“, „‚Dieter, du bist Scheiße!‘“)

❺ a) Alliteration: coole Casting-Küken; b) Emphase, d. h. den Aussagen wird durch das Ausrufezeichen Nachdruck verliehen; c) Metapher, zugleich Übertreibung; d) Periphrase (Umschreibung), zugleich Übertreibung

7.2 Zu einem Text kritisch Stellung nehmen

→ **Seite 94**

❶, ❷ *Hier kann es keine Lösung im eigentlichen Sinne geben. Wichtig ist, dass du dich wirklich gedanklich mit dieser Art von Fernsehunterhaltung auseinandergesetzt und entsprechend deine Gedanken, Annahmen, Fragen usw. festgehalten hast.*

→ **Seite 95**

❸ *Unterschiede:* In Text 1 werden vor allem die guten Chancen und Möglichkeiten erwähnt, die sich den Teilnehmerinnen an der Fernseh-Show bieten bzw. in der Vergangenheit geboten haben. In Text 2 wird dagegen deutlich gemacht, dass es einfachere Wege gibt, Model zu werden, und zugleich auf die negativen Aspekte der Show („miserable Schauspieleinlagen, Heulanfälle oder Zickenkrieg“) eingegangen. – *Einstellung der Verfasser:* Carsten Rave sieht die Sendung offenbar überwiegend positiv (obgleich er die enge Werbeverflechtung zum Sender hervorhebt), Marco Dettweiler dagegen überwiegend negativ.

→ **Seite 97**

❹ *Welcher Text deiner Meinung eher entspricht, weißt du selbst am besten. Wichtig ist, dass du deine Meinung begründest. Dabei kannst du auf deine Vorarbeiten (vgl. vor allem Aufgabe ❶) zurückgreifen.*

→ **Seite 98**

❺ *Tipp: Hier ist wichtig, dass du dich an den Hinweisen im Merkekasten orientiert hast (insbesondere sollte deine Meinung klar erkennbar und gut begründet sein). Vergiss nicht, abschließend deine Stellungnahme noch einmal auf Inhalt und sprachliche Richtigkeit zu lesen und ggf. zu korrigieren.*

7.3 Eine Filmkritik analysieren und schreiben

❶ *In der Filmkritik wurde eingegangen auf:* Handlung/Inhalt, Glaubwürdigkeit der Handlung, Thema des Films, Rollenbesetzung, schauspielerische Leistung

→ **Seite 100**

❷ Positiv hervorgehoben wird die Grundidee des Films (Medienkritik: „das pervertierte Wesen medialer Sensationsgeilheit“), negativ bewertet wird die schauspielerische Leistung des Hauptdarstellers („noch weit vom Charakterfach entfernt“, „wirkt einfach nicht emphatisch genug“) und der Darstellung von Trumans Frau („affektiertes Gehabe“, „dämliches Lächeln“)

❸ *Ob du die Seite „www.filmspiegel.de“ nutzen würdest (und warum bzw. warum nicht), musst du selbst wissen. Die Filmkritik selbst hat jedenfalls deutliche Schwächen: Zum einen geht sie auf viele Aspekte, die für die Beschreibung eines Films wichtig sind (z. B. Filmmusik, Bildführung), nicht ein, zum anderen ist sie sprachlich unnötig kompliziert (zu viele überflüssige Fremdwörter), andererseits zu flapsig und unpräzise (z. B. „dämliches Lächeln“). Auch der Aufbau überzeugt nicht: Zwar wird zwischen „Inhalt“ und „Kritik“ getrennt, doch bleibt diese Trennung unscharf.*

❹ *Tipp: Wenn du eine eigene Filmkritik schreibst, ist es wichtig, dass du dich an den Hinweisen im Merkekasten orientiert hast. Der Vergleich mit der Vorabkritik kann dir helfen einzuschätzen, ob du wichtige Aspekte vergleichbar gewertet hast. Achtung: Du musst nicht unbedingt in allen Punkten derselben Meinung sein wie der Verfasser der Vorabkritik. Wenn deine Beurteilung aber in vielen Punkten abweicht, solltest du vielleicht noch einmal über deine Bewertung nachdenken.*

8 Satirische Texte, Gespräche und Reden untersuchen

8.1 Satirische Texte erschließen

→ **Seite 101**

❶ *allgemeine Merkmale von Märchen:* typische Einleitung („Es waren einmal …“) und Schluss (Happy End: „… so leben sie noch heute.“), wundersames Ereignis (umfallen wie tot und wiedererwachen), Aufgabe-Lösung-Struktur
spezielle Märchen, z. B.: Hänsel und Gretel (vgl. die Namen Hans und Grete, das Verirren im Wald), Das tapfere Schneiderlein (vgl. das Auspressen der Butter durch den Wirt), Hans im Glück (vgl. den Tausch eines Schweines gegen einen Goldklumpen) u. a.

→ **Seite 103**

❷ übertreibende bzw. verzerrende Stellen sind z. B. das Haus „war über und über bedeckt mit Empfehlungschildern der Automobilclubs und Reisebüros" – „„Wenn Ihr hier wohnen wollt, müsst Ihr die Schuhe selber putzen und die Betten machen ...'" – „winzige Kammer, darin standen zwei winzige Betten ..." – dünne Wände, sodass man bis in den Keller hören kann, was oben gesprochen wird – Kochanweisung des Wirtes („einen Liter Wasser und ein halbes Pfund Salz in die Suppe")

❸ a) Kritisiert wird der Zustand in deutschen Hotels bzw. Pensionen (überteuert, schlechtes Essen, schlechte Ausstattung und Bedienung, unfreundliches Personal), die trotz dieser schlechten Leistungen häufig noch von Automobilclubs und Reiseveranstaltern gelobt werden; b) der Idealzustand ergibt sich aus dem Gegenteil, d.h. angemessene Preise, gute Ausstattung und Bedienung usw. Dies wird am Schluss des Textes besonders deutlich (vgl. „und so sorgten sie sich alle sechs um ihre Gäste und gaben ihnen Speis und Trank ..."), der diesen Idealzustand andeutet.

→ **Seite 104**
❹ a) Übertreibung (Wochenende, das am Donnerstag beginnt); b) Ironie (das Gegenteil ist der Fall, der Kunde bekommt Angst); c) Karikatur der Prüfungssituation (Prüfer und Schüler tauschen die Rollen); d) Ironie (der Kunde wird sich über diese Maßnahme gerade nicht freuen)

→ **Seite 105**
❺ Kritisiert wird das Verhalten vieler Auto-Reparaturwerkstätten, die dem Kunden überteuerte Rechnungen erstellen (bzw. ihn bewusst betrügen) und außerdem unfreundlich sind und für eine Reparatur viel zu lange brauchen.

8.2 Gespräche analysieren

→ **Seite 106**
❶ a) Mitteilung im Sinne von „Ich sehe, dass Sie Ihren Finger auf meinem Schnitzel haben."; b) Mitteilung im Sinne von „Ich lasse mir diese Art von Bedienung nicht gefallen!"; c) Mitteilung im Sinne von „Nehmen Sie gefälligst Ihren Finger von meinem Schnitzel!"; d) Mitteilung im Sinne von „Wegen Ihrer Berufsauffassung sind Sie mir unsympathisch!"

❷ In der Äußerung des Gastes dominiert die Appellebene, der Ober fasst die Frage aber auf der Sachebene auf und antwortet entsprechend.

→ **Seite 107**
❸ a) Es handelt sich um eine typische Gesprächssituation, die hierarchisiert (Ober ist kein gleichberechtigter Partner) und sehr standardisiert (d.h. die Zahl der möglichen Fragen und Antworten bzw. Äußerungen ist eng begrenzt) ist. Die Gesprächseröffnung entfällt in der Regel auf den Ober, der sich nach dem Wunsch des Gastes erkundigt. Der Gast äußert normalerweise seinen Wunsch, worauf sich der Ober für die Bestellung bedankt (gegenseitige Rederechtzuweisung). Der non- und paraverbale Bereich ist durch sachliche Höflichkeit geprägt.

b) Auch diese Gesprächssituation ist hierarchisiert, aber sehr viel weniger standardisiert. Zwar „darf" der Prüfer nur innerhalb eines bestimmten Sachthemas Wissensfragen stellen, doch weiß der Geprüfte in aller Regel gerade nicht genau, was gefragt wird. Die Gesprächseröffnung entfällt normalerweise auf den Prüfer, der eine erste Frage stellt, worauf der Geprüfte antwortet usw. Am Ende des Prüfungsgesprächs kommt es in der Regel zur Erläuterung des Prüfungsergebnisses. Auch hier ist der non- und paraverbale Bereich durch sachliche Höflichkeit geprägt, allerdings muss der Geprüfte seine Rolle als Prüfling auch in diesem Bereich zum Ausdruck bringen, also z.B. entsprechend zurückhaltend auftreten.

→ **Seite 108**
❹ Inhaltlich werden zunächst keine Wissens-, sondern Verhaltensfragen gestellt, d.h. der Prüfer prüft nicht die Sachkompetenz. Da der Prüfer die Äußerungen des Prüflings teilweise begeistert positiv wertet (vgl. „Prächtig!") und sogar seine Rolle als Prüfer verlässt (vgl. Z. 34ff.), ist die hierarchisierte Beziehung aufgehoben (der Prüfer und der Schüler bestätigen sich gegenseitig und verbünden sich gegen die Kunden).

❺ *Inhaltlich kannst du auf deine bisherigen Arbeitsergebnisse zurückgreifen. Ansonsten solltest du dich an den Hinweisen im Merkekasten orientiert haben.*

8.3 Reden analysieren

→ **Seite 109**
❶ a) Aufwertung der Wir-Gruppe (siehe das Adjektiv „deutsch"); b) Drohung; c) Abwertung der Gegner/Diffamierung, Emotionalisierung; d) Polarisierung durch Freund- und Feindbilder, Abwertung der Gegner

→ **Seite 110**
❷ Klöbitz möchte vor allem auf die steigende Bedeutung der deutschen Nudel im internationalen Vergleich aufmerksam machen (durch Fakten: „seit die Bundesrepublik mehr Rohnudelmasse vernudelt als England und Frankreich zusammen", aber auch durch das Anprangern des „linksintellektuellen" Desinteresses an der deutschen Nudel). Der Beifall zeigt, dass Klöbitz damit bei den Zuhörern Erfolg hat.

❸ *Elemente von politischen Parlamentsreden:* formale Anrede (vgl. „Herr Präsident, ..."), (indirekte) Appellstruktur (vgl. „Ich kenne keine linke und keine rechte Nudel ..." als indirekte Aufforderung zu einem gemeinsamen Handeln), parlamentarisches (z.B. Ministerratssitzung, Europäische Wirtschaftsgemeinschaft, französischer Staatspräsident) und parteipolitisches Vokabular (z.B. linksintellektuell, Koalition)

❹ Der Text trägt durch seinen Inhalt vor allem karikaturistische Züge (die Vorstellung von einer Rede über die „deutsche Nudel" im Bundestag ist an sich schon abwegig; wenn überhaupt, dann würde die Teigwarenindustrie thematisiert, nicht aber die „Nudel“); karikaturistisch wirkt der Text durch die Verkürzungen (bzw. Verdichtungen), wie er sich etwa im unmotivierten Wechsel zu den „linksintellektuellen“ Kreisen oder der Frage nach dem Fortbestand der Koalition zeigt; daneben enthält der Text aber auch Übertreibungen (z. B. „Nudelkrise unvorstellbaren Ausmaßes“).

❺ *Tipp: Hier kommt es darauf an, dass du deine bisherigen Arbeitsergebnisse nach den Hinweisen des Merkekastens zu einem zusammenhängenden und klar gegliederten Aufsatz zusammengefasst hast. Neben dem Redetext selbst solltest du dabei auch den von Loriot verfassten Einleitungstext (und damit die Redesituation) berücksichtigt haben.*

9 Grammatik und Stil

9.1 Die sprachliche Gestaltung eines Textes mithilfe grammatischer Begriffe beschreiben

→ Seite 111

❶ a) Adverbien (bzw. adverbial gebrauchte Adjektive) der Modalität, wodurch die Aussagen bewusst vage gehalten werden; b) verschiedene Antonyme (Gegenbegriffe), um den Gegensatz zwischen den beiden Brüdern deutlich zu machen; c) zwei Vertreter des Wortfelds „gehen“ (= partielle Synonyme), zugleich Antonyme zur Wortgruppe d); d) zwei Vertreter des Wortfelds „bleiben“ (= partielle Synonyme), zugleich Antonyme zur Wortgruppe c)

→ Seite 112

❷ • *Gruppe a):* mitunter (Z. 15) – verhältnismäßig (Z. 18) – zweifellos ziemlich (Z. 19) – vermutlich (Z. 21) – durchaus (Z. 21 + 27) – vielleicht (Z. 27)
• *Gruppe b):* der Erste, der Zweite (Z. 11 + 12) – wieder der eine (Z. 13) – wieder der andere (Z. 14 f.) – Daheimgebliebene (Z. 20 + 24 f.) – Fortgelaufene (Z. 23)
• *Gruppe c):* ausriss, davonrannte (Z. 11) – abzudampfen und fortzugondeln (Z. 14) – entlaufene (Z. 17) – fortgegangen (Z. 22) – Fortgelaufene, Fortlaufen (Z. 23) – fortgelaufen (Z. 29 f.)
• *Gruppe d):* aufhielt (Z. 11 f.) – Daheimgebliebene (Z. 20 + 24 f.) – Daheimbleiben (Z. 25)

→ Seite 113

❸ Der Text ist reich an Auffälligkeiten, sodass du andere Merkmale gefunden haben kannst. Besonders sichtbar ist die häufige Verwendung des Konjunktivs (gehabt hätte, würde stehe usw.). *Weitere Merkmale:* viele Nominalisierungen (der Erste, nichts Gescheiteres, das Fortlaufen, sein Daheimbleiben usw.) und Nomen (z. B. „Tüchtigkeit, Ordentlichkeit, Artigkeit und Nützlichkeit“, die zugleich antonym zur „Leichtlebigkeit“ sind) und ein teilweise gehobener Wortschatz (z. B. „voneinander abstachen“, „Leichtlebigkeit“, „Obliegenheiten“).

❹ Der Satzbau ist überwiegend komplex (viele lange Sätze), wobei auch einzelne kürzere Sätze vorkommen. Auffällig ist der Kurzsatz „Selige Tränen.“ (Z. 43), der zugleich elliptisch ist. Die Sätze sind oft sehr attributreich (auch durch die Appositionen). – Zu den rhetorischen Figuren vgl. Aufgabe ❶ im Teilabschnitt 9.3.

→ Seite 114

❺ Die Freude über das unerwartete Wiederfinden und das Entzücken über ein so schönes und ernstes Ereignis zündeten und loderten hell und hoch wie eine Feuersbrunst im Haus herum (= Hauptsatz), dessen Bewohner, Knechte, Mägde sich fast wie in den Himmel gehoben fühlten (= Nebensatz: Relativsatz/Attributsatz zu „Haus“). Der Heimgekehrte lag der Länge nach am Boden (= Hauptsatz), von wo ihn der Vater aufgehoben haben würde (= Nebensatz 1: lokaler Adverbialsatz), wenn er die Kraft dazu gehabt hätte (= Nebensatz 2: konditionaler Adverbialsatz).

9.2 Stilvarianten unterscheiden

→ Seite 115

❶ Der Text ist in einem hypotaktischen (vgl. Abschnitt 9.1, Aufgabe ❹ und ❺) und zugleich metaphorischen Stil (viele Vergleiche, z. B.: „hell und hoch wie eine Feuersbrunst“, „fast wie in den Himmel gehoben“) verfasst, weist aber auch einzelne Merkmale eines Nominalstils auf (viele Nomen und Nominalisierungen, mehrgradige Attribute; vgl. Abschnitt 9.1, Aufgabe ❸).

9.3 Stilmittel bestimmen

❶ a) *Metapher:* Die Freude ... und das Entzücken zündeten und loderten –*Vergleich:* hell und hoch wie eine Feuersbrunst b) *Hyperbel:* vor lauter Tüchtigkeit, Ordentlichkeit, Artigkeit und Nützlichkeit schier umzukommen – *Litotes:* eine offenbar wenig empfehlenswerte Rolle – *Euphemismus:* Verdrießlichkeit (statt „Wut, Zorn“); c) *Ellipse:* Selige Tränen. – *Chiasmus:* Wo wieder Ersterer ... herumvagabundierte, lungerte wieder Letzterer ... herum. – *Parallelismus:* In allen Augen war ein Schimmer, in allen Stimmen ein Zittern – *Klimax:* Alles redete, lächelte, winkte hier und dort; d) *rhetorische Frage:* Inmitten ... blieb niemand missvergnügt und übelgelaunt als doch hoffentlich nicht er? – *Oxymoron:* Selige Tränen; e) *Alliteration:* und dort dicht durcheinander – *Anapher:* Der sich sein Lebtag nie etwas hatte zuschulden kommen lassen, ... Der immer einen anständigen Rock getragen hatte, ... Der nie Fehler begangen hatte, ...

9.4 Einen Zusammenhang zwischen der sprachlichen Gestaltung und dem Inhalt eines Textes herstellen

→ Seite 116

❶ In dem Text von Robert Walser „Die Geschichte vom verlorenen Sohn“ wird das biblische Gleichnis des von zuhause ausgezogenen Sohnes, dessen Rückkehr von den Daheimgebliebenen freudig gefeiert wird, wiedergegeben. Walser lenkt allerdings die Aufmerksamkeit auch auf den zurückgebliebenen Sohn, der sich immer so verhielt, wie man das von ihm erwartet hat. Am Ende wird deutlich, dass das Mitgefühl des Erzählers nicht dem „verlorenen Sohn", sondern dem anderen gilt („Für seine Verdrießlichkeit besaß ich uneingeschränktes Verständnis."), und er die Geschichte keineswegs für „angenehm und erbaulich" hält.

→ **Seite 118**

❷ Die Antonyme haben die Funktion, den Gegensatz zwischen den beiden Söhnen herauszustellen und zu betonen, dass eigentlich beide Söhne und nicht nur der „verlorene" des Titels beachtet werden müssen. Schon dadurch, dass die Aufmerksamkeit auch auf den zweiten Sohn gelenkt wird, ändert sich die Wahrnehmung des ursprünglichen Gleichnisses.

❸ Dass Walser die Geschichte negativ einschätzt, zeigt sich schon dadurch, dass er sie sehr distanziert wiedergibt (auffällig sind die vielen Modalausdrücke, vgl. 9.1, Aufgabe ❶, ❷, und die häufige Verwendung des Konjunktiv II). Im Verlauf der Erzählung wird das Geschehen zunehmend kommentiert bzw. bewertet (z. B. durch rhetorische Fragen und ironische Kommentare). Beachte, dass sich der Erzähler in Zeile 64 nennt und ab dieser Stelle auch direkt kommentiert.

9.5 Die Sprache eines Textes schriftlich analysieren

❶ *Die Aufgabe versteht sich als Schreibübung, d. h. es kommt nicht darauf an, dass du eine neue Interpretation findest oder viele weitere auffällige sprachliche Merkmale. Vielmehr kannst du auf alle Ergebnisse und Inhalte dieses Kapitels zurückgreifen. Wichtig ist, dass du dich an den Vorgaben des Merkekastens orientierst und eine formal korrekte (richtiges Zitieren!) und geordnete Darstellung deiner Ergebnisse verfasst hast.*

10 Rechtschreibung

10.1 Rechtschreibproben

→ **Seite 119**

❶ a) *und*-Probe, man kann nicht sagen: „Er mag das gute und französische Weißbrot" (d. h. es wird kein Komma gesetzt); b) Artikelprobe, man kann sagen: „Im Dienst ist das Trinken verboten" (d. h. die Großschreibung ist richtig); c) Aussprache, das „a" in „Maß" ist lang (d. h. die Schreibung mit „ß" ist richtig; d) Verlängerungsprobe, man kann z. B. sagen: „Wegen eines guten Ra-tes machte er …" (d. h. die Schreibung „t" ist richtig); e) *und*-Probe, man kann sagen „Im Schlussverkauf kaufte er sich eine Jeans und zwei T-Shirts und zwei Paar Socken und einen Pulli." (d. h. die Kommata sind richtig)

10.2 Sonderfälle der Rechtschreibung

10.2.1 Groß- und Kleinschreibung

→ **Seite 120**

❶ a) Der Umsatz stieg um das Zweifache; b) Sein lautes Schnarchen weckte die ganze Nachbarschaft; c) Plötzlich hörten sie ein leises, zaghaftes Wimmern; d) Er gab sein Geld für alles Mögliche aus; e) Dieses ewige Hin und Her ging ihm auf die Nerven; f) Sie bot ihm das Du an.

❷ *Welche Beispielsätze du gebildet hast, ist egal. Markiert haben solltest du:* ohne weiteres, seit längerem, von neuem, von weitem, seit kurzem

→ **Seite 121**

❸ Es gibt zehn Wortarten, und alle sind sie schwierig. Ein Durchschnittssatz in einer deutschen Zeitung ist eine erhabene und ehrfurchtgebietende Kuriosität; er nimmt eine Viertelspalte ein; er enthält alle zehn Wortarten – nicht in der gehörigen Reihenfolge, sondern durcheinandergewürfelt. Er ist hauptsächlich aus zusammengesetzten Wörtern gebaut, die der Schreiber an Ort und Stelle konstruiert hat und die in keinem Wörterbuch zu finden sind – sechs oder sieben in eines zusammengepresste Wörter ohne Naht oder Saum – das heißt, ohne Bindestriche. Er handelt von vierzehn oder fünfzehn verschiedenen Gegenständen, jeder in einer eigenen Parenthese eingeschlossen, mit zusätzlichen Parenthesen hier und da, die wiederum drei oder vier Unterparenthesen einschließen, so dass Hürden innerhalb der Hürden entstehen; schließlich werden alle Parenthesen und Unterparenthesen zwischen zwei Überparenthesen zusammengeballt, deren eine in der ersten Zeile des majestätischen Satzes liegt und die andere in der Mitte der letzten Zeile – *und danach kommt das Verb*, und man bekommt zum ersten Mal heraus, wovon der Mann gesprochen hat; und nach dem Verb – nur als Verzierung, soweit ich es ausmachen kann – schaufelt der Schreiber „*haben sind gewesen gehabt haben geworden sein*" oder Worte ähnlicher Bedeutung hinein, und das Monument ist fertig. Ich nehme an, dass dieses abschließende Hurra so etwas wie der Schnörkel bei einer Unterschrift ist – nicht notwendig, aber hübsch. Deutsche Bücher sind ziemlich leicht zu lesen, wenn man sie vor den Spiegel hält oder sich auf den Kopf stellt – um den Aufbau umzukehren –, aber ich glaube, eine deutsche Zeitung lesen und verstehen zu lernen ist eine Sache, die einem Ausländer stets unmöglich bleiben muss.

❹ a) Die Veranstaltung findet nicht wie geplant statt.
b) Die ganze Sache tat ihm schon jetzt sehr leid.
c) Er konnte das Leid der Menschen nicht länger sehen.
d) Sie konnte tatsächlich auf dem Kopf stehen.

10.2.2 Getrennt- und Zusammenschreibung

→ **Seite 122**

❶ *Welche Beispielsätze du gebildet hast, ist egal. Zusammenschreiben lassen sich auch:* kaltstellen, kleinschneiden, leeressen, glatthobeln

❷ a) jemanden auf etwas endgültig verpflichten; b) freigiebig umgehen mit; c) jemanden psychisch zerstören; d) Mühe haben mit etwas; e) jemandem Arbeitsunfähigkeit bescheinigen; f) sich nicht mehr so viel zumuten; g) einen Irrtum, eine Irrmeinung korrigieren; h) etwas/jemanden schätzen/mögen

10.2.3 Zeichensetzung

→ **Seite 123**

❶ a) Komma muss nicht stehen; b) Die Idee, …; c) … brachten sie ihn dazu, …; d) Komma muss nicht stehen

❷ Die Deutschen haben noch eine Art von Parenthese, die sie bilden, indem sie ein Verb in zwei Teile spalten und die eine Hälfte an den Anfang eines aufregenden Absatzes stellen und die andere Hälfte an das Ende. Kann sich jemand etwas Verwirrenderes vorstellen? Diese Dinger werden „trennbare Verben" genannt. Die deutsche Grammatik ist übersät von trennbaren Verben wie von den Blasen eines Ausschlags; und je weiter die zwei Teile auseinandergezogen sind, desto zufriedener ist der Urheber des Verbrechens mit seinem Werk. Ein beliebtes Verb ist „reiste ab". Hier folgt ein Beispiel, das ich aus einem Roman ausgewählt und ins Englische übertragen habe: „Da die Koffer nun bereit waren, REISTE er, nachdem er seine Mutter und Schwestern geküsst und noch einmal sein angebetetes Gretchen an den Busen gedrückt hatte, die, in schlichten weißen Musselin gekleidet, mit einer einzigen Teerose in den weiten Wellen ihres üppigen braunen Haares, kraftlos die Stufen herab gewankt war, noch bleich von der Angst und Aufregung des vergangenen Abends, aber voller Sehnsucht, ihren armen, schmerzenden Kopf noch einmal an die Brust dessen zu legen, den sie inniger liebte als ihr Leben, AB."
Es ist jedoch nicht richtig, allzu lange bei den trennbaren Verben zu verweilen. Ganz bestimmt verliert man dabei sehr bald die Geduld; und wenn man an dem Thema klebt und sich nicht warnen lässt, wird es einem schließlich das Gehirn erweichen oder verhärten.

10.3 Mit dem Wörterbuch arbeiten

→ **Seite 124**

❶ die Deutsche Mark; b) das deutsche Recht; c) das ist typisch deutsch; d) er lernt Deutsch; e) der Deutsche Fußball-Bund; f) eine Zusammenfassung in Deutsch; g) das deutsche Bier

→ **Seite 125**

❷ a) fallen lassen (keine Bedeutungsübertragung); fallen lassen/fallenlassen (Bedeutungsübertragung); c) hängen geblieben/hängengeblieben (Bedeutungsübertragung); d) liegen geblieben/liegengeblieben (Bedeutungsübertragung); e) sitzen lassen/sitzenlassen (Bedeutungsübertragung); f) gehen lassen (keine Bedeutungsübertragung); g) gehen lassen/gehenlassen (Bedeutungsübertragung)

10.4 Fehler finden

→ **Seite 126**

❶ *Folgende Wörter solltest du markiert haben:* schwierige (Z. 1), hart (Z. 4), bewiesen (Z. 8), Darstellung (Z. 9), Bedeutung (Z. 14), starb (Z. 16), Französisch (Z. 19), dreißig (Z. 19)

6 Gib an, nach welcher Zitierform die folgenden Wortarten in das alphabetische Wörterverzeichnis eingereiht sind.

a) Verben: ______________________________

b) Adjektive: ______________________________

c) Nomen/Pronomen: ______________________________

7 In Wörterbüchern sind häufig in das Wörterverzeichnis integrierte Übersichtskästen zu einzelnen Stichwörtern. Erläutere, in welchen Fällen du sie findest.

____

____

Kann ich in einem Text Fehler finden?

8 Erläutere, wie du vorgehen kannst, um in einem wichtigen Text möglichst alle Rechtschreib- und Zeichensetzungsfehler zu finden.

____

____

____

9 In dem Text finden sich acht Tippfehler (z. B. Buchstabendreher, überflüssige Buchstaben, aber auch falsche Groß- und Kleinschreibung in einfachen Fällen). Markiere diese Fehler.

Mark Twain: Die schreckliche deutsche Sprache (Auszug 2) – *Achtung: Fehlertext!*

Jedes Substantiv hat ein Geschlecht, und in dessen Verteilung liegt kein Sinn und kein System; deshalb muss das Geschlecht jedes einzelnen Hauptwortes für sich auswendig gelernt werden. Es gibt keinen anderen Weg. Zu diesem Zwecke muss man das Gedächtnis eines Notitzbuches haben. Im Deutschen hat ein Fräulein kein Geschlecht, während eine weiße Rübe eines hat. Man denke nur, auf welche übertreibene Verehrung der Rübe das deutet und auf welche dickfellige Respektlosigkeit dem Fräulein gegenüber. Sehen wir mal, wie das gedruckt aussieht. Ich übersetze das aus einer Unterhaltung in einem der besten deutschen Sonntagsschulbücher:

Gretchen: „Wilhelm, wo ist die Rübe?“

Wilhelm: „*Sie* ist in die Küche gekommen.“

Gretchen: „Wo ist das gebildete und schöne englicshe Mädchen?“

Wilhelm: „*Es* ist in die Oper gegangen.“

Um mit deutschen Geschlechten fortzufahren: Ein Baum ist mänlich, seine Knospen sind weiblich, seine Blätter sind sächlich; Pferde sind geschlechtslos, Hunde sind männlich, Katzen sind weiblich – natürlich einschließlich der Kater; jemandes Mund, Hals, Busen, Ellbogen, Finger, Nägel, Füße und leib gehören dem männlichen Geschlecht an, und sein Kopf ist männlich oder sächlich, je nach dem Wort, das zur Bezeichnung gewählt wird, und *nicht* nach dem Geschlecht der Person, die ihn trägt – denn in Deutschland tragen alle Frauen entweder männliche oder geschlechtslose Köpfe; jemandes Nase, Lippen, Schultern, Brust, Hände, Hüften und Zehen gehören dem weiblichen Geschlecht an; und sein Haare, Ohren, Augen, Kinn, Beine, Knie, Herz und Gewissen haben überhaupt kein Geschlecht. Der Erfinder der Sprache hat wahrscheinlich das, was er vom Gewissen wusste, vpm Hörensagen erfahren. […]

Kontrolle und Einschätzung ➜ Tipps zur Weiterarbeit

Lösungsheft Seite 5

Aufgabe	bearbeitet am:	wiederholt am:	Konnte ich gut. ☺	Das war mittel. 😐	Muss ich üben. ☹	Wenn du 😐 oder ☹ angekreuzt hast, dann bearbeite folgende Aufgaben im Teil „Lernen und Üben“:
1						Seite 119 / Abschnitt 10.1
2						Seite 119 / Abschnitt 10.2
3						Seite 123 / Abschnitt 10.2.3
4						Seite 123 / Abschnitt 10.2.3
5						Seite 124 / Abschnitt 10.3
6						Seite 124 / Abschnitt 10.3
7						Seite 124 / Abschnitt 10.3
8						Seite 125 / Abschnitt 10.4
9						Seite 125 / Abschnitt 10.4

Einschätzung der Lehrerin oder des Lehrers:

____

____

____

Lernen und Üben

1 Referieren und Präsentieren

1.1 Sich informieren

Wenn du dich, z. B. bei der Vorbereitung auf ein Referat, umfassend über ein Thema informieren möchtest, solltest du zunächst dieses **Thema** so **eingrenzen**, dass es auch sinnvoll in der vorgegebenen Zeit zu behandeln ist. Dazu kannst du Fragen an das Thema stellen, die dir spannend bzw. wissenswert erscheinen. Diese Fragen helfen dir nicht nur herauszufinden, was dabei wichtig und für deine Zuhörer interessant sein könnte, sondern auch, deine Recherche zu strukturieren.

(1) **Übung**: Du hast dich für ein Referat zum Thema „Tiersprachen" entschieden. Stelle Fragen an das Thema, die dir spannend bzw. wissenswert erscheinen.

→ Lösungsheft Seite 6

Bei deiner **Recherche** solltest du dich nicht nur auf Informationen aus dem Internet stützen, sondern auch andere **Möglichkeiten** (Expertenbefragung, Buchhandlung, Lexikon, Bibliothek, TV, Film) nutzen.
Achte darauf, dass du nur **aktuelle und seriöse Informationsquellen** verwendest.
Brauchbare **Sachtexte** erkennst du am
- Titel und Untertitel sowie am Inhaltsverzeichnis (hier kannst du erkennen bzw. prüfen, ob dir der Text inhaltlich hilft)
- Erscheinungsjahr und Erscheinungsort (du siehst, ob das Buch oder der Artikel aktuell sind und ob sich die Informationen wirklich auf Deutschland und nicht z. B. auf die Schweiz beziehen)
- Literaturverzeichnis (du kannst hier feststellen, welche Texte und Quellen verwendet worden sind, und erhältst oft auch gute Literaturtipps).

Brauchbare **Internetquellen** erkennst du an der
- Adresse, die dir oft sagt, ob die Seite von einer Institution (Behörde, Universität, Verein usw.) betrieben wird (offizielle Seiten sind in aller Regel verlässlich)
- Sitemap bzw. am Index (hier kannst du erkennen bzw. prüfen, ob dir die Seite inhaltlich hilft).

Achtung: Greife für die Schule nicht auf Seiten zurück, bei denen im Impressum kein Verantwortlicher für die Seite (mit Kontaktadresse) genannt wird!

(2) Stelle dar, weshalb im Zweifelsfall Informationen, die du aus einem Buch der Bibliothek/Buchhandlung entnimmst, zuverlässiger sind als Informationen, die du im Internet findest. Beachte in deiner Antwort, welche Kontrollinstanzen es für die unterschiedlichen Medien gibt.

____

____

____

____

____

____

____

____

____

→ Lösungsheft Seite 6

1.2 Ein Referat planen und ausarbeiten

Hast du dich über alle wichtigen Aspekte deines Referatthemas informiert, planst du die **Gliederung des Referats**:
In der **Einleitung** solltest du das Thema deines Referats genau benennen und einen Einstieg finden, mit dem du die Zuhörer für dieses Thema interessieren kannst.
Im **Hauptteil** gehst du nacheinander auf die verschiedenen Aspekte des Themas ein. Dabei ist es wichtig, dass du diese Aspekte in eine sinnvolle zeitliche oder logische Reihenfolge bringst. Achte darauf, dass du die wesentlichen Informationen durch Beispiele veranschaulichst.
Im **Schlussteil** kannst du die wichtigsten Informationen deines Referats wiederholen, ein Fazit ziehen oder einen Ausblick geben.

(1) **Übung**: Lies zunächst den Text und kläre für dich, auf welche deiner Fragen zum Thema „Tiersprachen" er Antworten enthält.

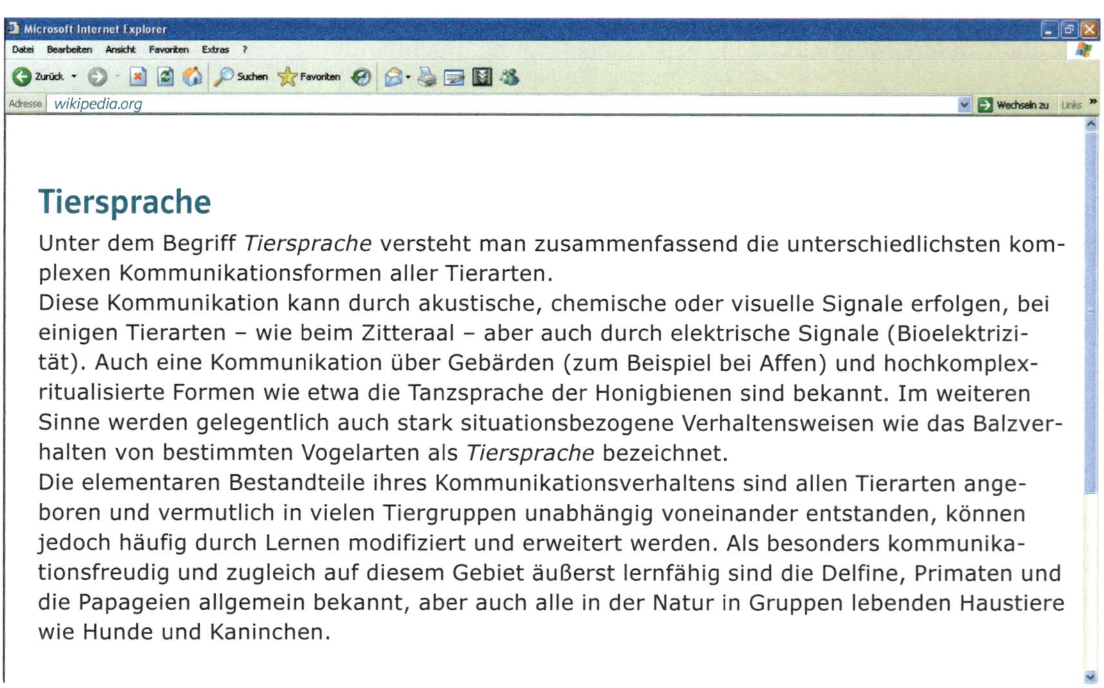

Tiersprache

Unter dem Begriff *Tiersprache* versteht man zusammenfassend die unterschiedlichsten komplexen Kommunikationsformen aller Tierarten.
Diese Kommunikation kann durch akustische, chemische oder visuelle Signale erfolgen, bei einigen Tierarten – wie beim Zitteraal – aber auch durch elektrische Signale (Bioelektrizität). Auch eine Kommunikation über Gebärden (zum Beispiel bei Affen) und hochkomplex-ritualisierte Formen wie etwa die Tanzsprache der Honigbienen sind bekannt. Im weiteren Sinne werden gelegentlich auch stark situationsbezogene Verhaltensweisen wie das Balzverhalten von bestimmten Vogelarten als *Tiersprache* bezeichnet.
Die elementaren Bestandteile ihres Kommunikationsverhaltens sind allen Tierarten angeboren und vermutlich in vielen Tiergruppen unabhängig voneinander entstanden, können jedoch häufig durch Lernen modifiziert und erweitert werden. Als besonders kommunikationsfreudig und zugleich auf diesem Gebiet äußerst lernfähig sind die Delfine, Primaten und die Papageien allgemein bekannt, aber auch alle in der Natur in Gruppen lebenden Haustiere wie Hunde und Kaninchen.

Vor allem in Fabeln und Märchen, gelegentlich aber auch in anderen literarischen Texten, sprechen die Tiere die Sprache der Menschen (oder auch Menschen die Sprache der Tiere: siehe *Dr. Dolittle*) und verhalten sich dann auch wie Menschen. Diese sehr alte Übertragung menschlicher Eigenheiten auf Tiere hat lange Zeit selbst den Naturforschern den Blick dafür verstellt, dass viele Tierarten über hochkomplexe Kommunikationssysteme verfügen, die man zu Recht als *eigenständige Formen einer Sprache* bezeichnen kann. Daher hielt sich bis ins 20. Jahrhundert hinein die Ansicht, die Fähigkeit zur Sprache sei eine ausschließlich menschliche Eigenschaft. Erst die durch Karl von Frisch entschlüsselten semantischen Besonderheiten der Tanzsprache von Honigbienen führten zu einem Umdenken.
Ungeklärt ist jedoch, welche Zusammenhänge zwischen den Kommunikationssystemen der heute lebenden Primaten und der Sprechfähigkeit des Menschen bestehen, da sich bei den Primaten möglicherweise mehrere Kommunikationssysteme unabhängig voneinander herausgebildet haben, die sich in ihren Systemansätzen grundlegend unterscheiden. Bedeutend sind hier vor allem die nach Art der Gefahr diversifizierten Warnrufe der Brüllaffen (die somit über ein mentales Lexikon verfügen). Dem Menschen besonders nahestehend scheint das Sprachvermögen der Schimpansen zu sein, wie die Studien von Roger Fouts zu deren sprachlichem Lernvermögen ergeben haben.

Internet

Start DE 19:10

→ Lösungsheft Seite 6

(2) **Übung**: Entwirf auf der Grundlage des Lexikonartikels eine mögliche Gliederung für dein Referat.

→ Lösungsheft Seite 6

Wenn du eine erste Gliederung für dein Referat erstellt hast, hältst du deinen Vortrag am besten auf **Karteikarten** fest (Karteikarten sind nicht zu groß; außerdem sind die Hände während des Sprechens „beschäftigt“). Dabei solltest du Folgendes beachten:

- keine ganzen Sätze (außer bei Zitaten), sondern nur **Stichwörter** notieren
- Überschriften und andere wichtige Textstellen oder Wörter **unterstreichen**
- Karteikarten **durchnummerieren** und nur einseitig beschriften.

Durchschnittlich benötigt man etwa eine Karteikarte für ein bis zwei Minuten Vortragszeit.

(3) **Übung**: Gestalte eine Karteikarte für dein Referat, auf der du die wichtigsten Informationen aus dem Text zum Thema „Tanzsprache der Bienen" festhältst.

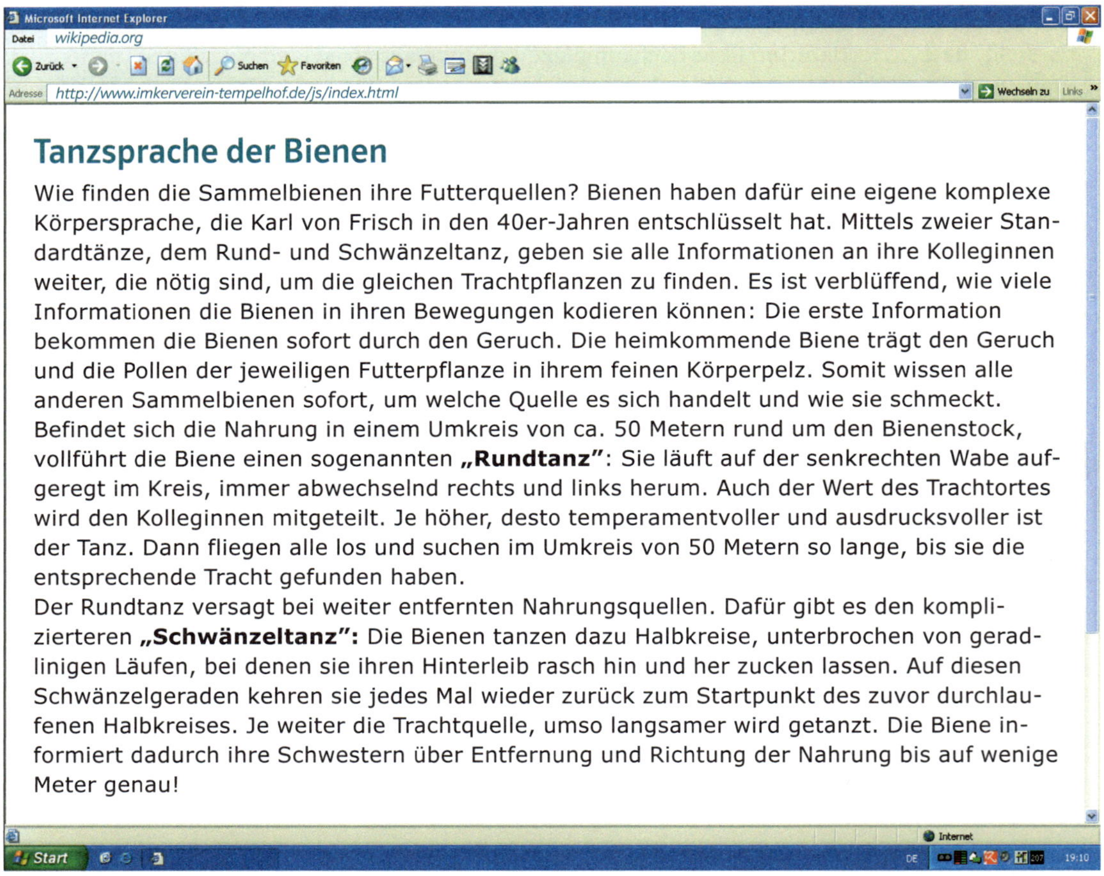

Tanzsprache der Bienen

Wie finden die Sammelbienen ihre Futterquellen? Bienen haben dafür eine eigene komplexe Körpersprache, die Karl von Frisch in den 40er-Jahren entschlüsselt hat. Mittels zweier Standardtänze, dem Rund- und Schwänzeltanz, geben sie alle Informationen an ihre Kolleginnen weiter, die nötig sind, um die gleichen Trachtpflanzen zu finden. Es ist verblüffend, wie viele Informationen die Bienen in ihren Bewegungen kodieren können: Die erste Information bekommen die Bienen sofort durch den Geruch. Die heimkommende Biene trägt den Geruch und die Pollen der jeweiligen Futterpflanze in ihrem feinen Körperpelz. Somit wissen alle anderen Sammelbienen sofort, um welche Quelle es sich handelt und wie sie schmeckt. Befindet sich die Nahrung in einem Umkreis von ca. 50 Metern rund um den Bienenstock, vollführt die Biene einen sogenannten **„Rundtanz"**: Sie läuft auf der senkrechten Wabe aufgeregt im Kreis, immer abwechselnd rechts und links herum. Auch der Wert des Trachtortes wird den Kolleginnen mitgeteilt. Je höher, desto temperamentvoller und ausdrucksvoller ist der Tanz. Dann fliegen alle los und suchen im Umkreis von 50 Metern so lange, bis sie die entsprechende Tracht gefunden haben.
Der Rundtanz versagt bei weiter entfernten Nahrungsquellen. Dafür gibt es den komplizierteren **„Schwänzeltanz"**: Die Bienen tanzen dazu Halbkreise, unterbrochen von geradlinigen Läufen, bei denen sie ihren Hinterleib rasch hin und her zucken lassen. Auf diesen Schwänzelgeraden kehren sie jedes Mal wieder zurück zum Startpunkt des zuvor durchlaufenen Halbkreises. Je weiter die Trachtquelle, umso langsamer wird getanzt. Die Biene informiert dadurch ihre Schwestern über Entfernung und Richtung der Nahrung bis auf wenige Meter genau!

→ Lösungsheft Seite 6

In der **Einleitung zu einem Referat** solltest du
- die Zuhörer für dein Thema interessieren (z. B. dadurch, dass du eine spannende Frage stellst, einen interessanten Einzelfall schilderst oder an die Erfahrungen deiner Zuhörer anknüpfst)
- das Thema deines Referats nennen
- zum Hauptteil überleiten.

Im **Schlussteil zu einem Referat** kannst du die wichtigsten Informationen deines Referats wiederholen, ein Fazit ziehen, einen Ausblick geben oder zu einer Diskussion anregen. Wichtig ist, dass dein Schluss einen Bezug zur Einleitung hat.

(4) Nenne stichwortartig weitere Möglichkeiten, wie du eine Einleitung für deine Zuhörer interessant gestalten könntest.

____

____

____

____

→ Lösungsheft Seite 6

(5) **Übung**: Formuliere eine Einleitung zu einem Referat über das Thema „Tiersprachen", von der du glaubst, dass sie deine Mitschüler/innen ansprechend finden.

____

____

____

____

____

____

→ Lösungsheft Seite 6

Visualisierungen zu verwenden, ist sowohl für die Zuhörer als auch für dich selbst wichtig. Den Zuhörern helfen sie, das Wichtigste besser zu behalten. Sie sorgen für Abwechslung und beleben einen Vortrag. Du kannst dich auch selbst an den Visualisierungen orientieren und sie erläutern oder kommentieren; dadurch gewinnst du Sicherheit beim Vortragen. Wichtige Darstellungsarten sind: Mindmap, Foto/Bild, Tabelle, Diagramm, Zeitstrahl und Strukturskizze.

Visualisierungen kannst du auf unterschiedliche Arten präsentieren. Beachte bei **Präsentationen mit Computerprogrammen** (z. B. PowerPoint), dass
- die Folien übersichtlich gestaltet und gut lesbar sind
- nur die wesentlichen Informationen zu einem Themenaspekt angegeben werden
- wichtige Sachverhalte durch diskontinuierliche Texte (Diagramme, Tabellen usw.) veranschaulicht werden
- unterschiedliche Aspekte eines Themas farblich oder grafisch getrennt sind.

Beachte beim **Einsatz eines Overheadprojektors**, dass du
- die Teile der Folie abdeckst, die noch nicht relevant sind
- auf Teile der Folie zeigst, über die du gerade sprichst
- während des Referats ggf. zusätzliche Bemerkungen in die Folie eintragen kannst.

Beachte bei der **Präsentation von diskontinuierlichen Texten**, dass du
- die abgebildeten Zusammenhänge auch sprachlich darstellst
- die Aussagekraft der Darstellung bewertest.

⑥ **Übung**: Beschreibe, mit welcher Visualisierung du deine Ausführungen über die „Tanzsprache der Bienen" am besten veranschaulichen kannst. Begründe deine Meinung. Arbeite im Heft.

⑦ Welche Vor- und Nachteile haben die unterschiedlichen Präsentationstechniken? Trage die Vor- und Nachteile in die Tabelle ein.

	Präsentation mit Computerprogramm	Präsentation mit Overheadprojektor
Vorteile	• •	• •
Nachteile	• •	• •

→ Lösungsheft Seite 6

1.3 Ein Präsentationsprogramm für Vorträge nutzen

Bevor du deine Folien anfertigst, solltest du dir Folgendes überlegen:

- **Folien müssen deinen Vortrag unterstützen**; du solltest deine Folien also nicht so anlegen, dass du sie im Vortrag selbst nur abliest. Prüfe kritisch, welche Folien du aus welchem Grund brauchst.

Für die **Gestaltung der Folien** gilt:

- Halte auf deinen Folien nur die Kernaussagen deines Vortrags stichwortartig fest.
- Gestalte deine Folien übersichtlich und überlade sie nicht mit Text- oder Bildmaterialien.
- Achte darauf, dass deine Folien (auch aus der letzten Reihe) gut lesbar sind.
- Verwende für deine Folien ein einheitliches Design.
- Setze die Effekte, die die Computerprogramme anbieten, sparsam ein (sie sollen die Aufmerksamkeit sichern und nicht ablenken).

① **Übung**: Bewerte die Folie einer Präsentation anhand der Hinweise in der Übersicht: Was hat der Bearbeiter falsch gemacht? Arbeite im Heft.

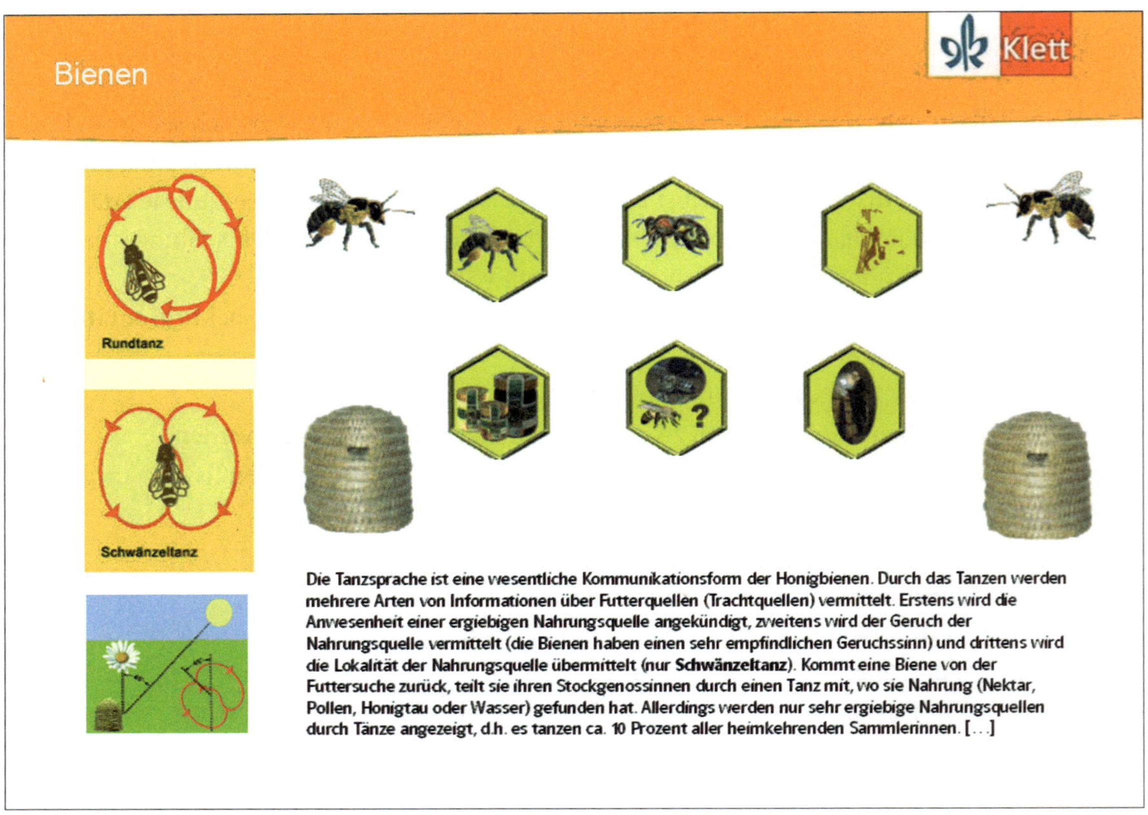

→ Lösungsheft Seite 6

Das **Erstellen von Präsentationsfolien** ist mithilfe von Programmen wie „PowerPoint“ relativ einfach:

- **Schritt 1**: Wenn du das Präsentationsprogramm öffnest, erscheint eine leere Folie. Wenn du auf „Design“ klickst, kannst du aus verschiedenen Vorlagen eine auswählen, die dann für alle weiteren Folien übernommen wird.

- **Schritt 2**: Gib zunächst Titel und Untertitel deines Vortrags ein und speichere die Präsentation ab.
- **Schritt 3**: Jetzt kannst du über den Menüpunkt „Einfügen“ deiner Präsentation weitere Folien hinzufügen.

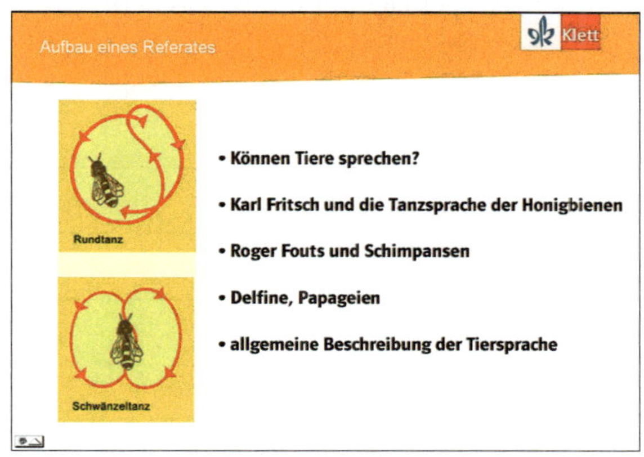

- **Schritt 4**: Wenn du alle Folien, die du brauchst, gefüllt hast, kannst du die Folienübergänge gestalten oder einzelnen Folien Effekte zuweisen. Klicke dazu den Menüpunkt „Bildschirmpräsentation einrichten“ an.

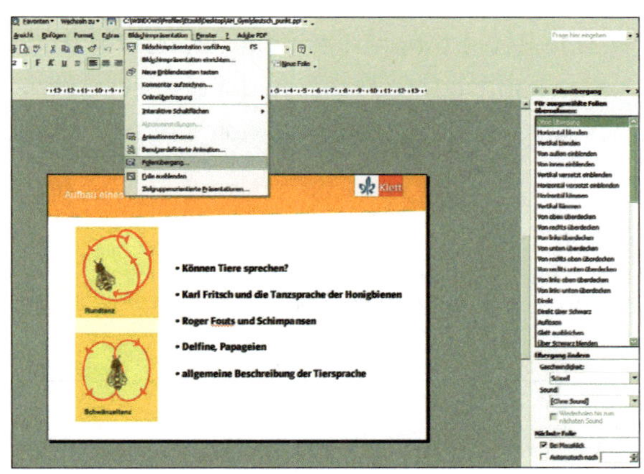

Wenn du die **Präsentation vorführen** möchtest, dann wählst du in der Menüleiste den Punkt „Bildschirmpräsentation vorführen“: Die erste Folie erscheint und mit jeweils einem Mausklick kannst du die übrigen Folien aufrufen.

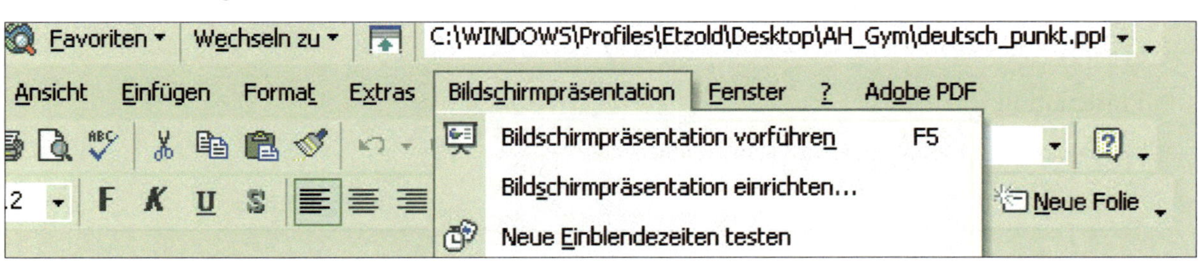

Tipp: Am linken unteren Rand jeder Folie gibt es Felder, mit denen du den Vortrag steuern und deine Maus in einen Stift oder Textmarker verwandeln kannst.

(2) **Übung**: Probiere das Erstellen einer Präsentationsfolie selbst aus. Du kannst die Inhalte aus Schritt 2 übernehmen.

→ Lösungsheft Seite 6

1.4 Ein Feedback geben und entgegennehmen

Wenn du jemandem nach einem Referat ein **Feedback gibst**, dann
- sage zunächst, was gut war. Dadurch kann auch die Kritik besser angenommen werden.
- beschreibe möglichst genau deine Beobachtungen.
- sei immer sachlich und objektiv, vermeide Verallgemeinerungen und Pauschalurteile.
- gib auch Verbesserungsvorschläge.
- verdeutliche, dass es sich nur um deine persönliche Meinung handelt, indem du Ich-Botschaften verwendest.

Wenn du nach einem Referat ein **Feedback bekommst**, dann
- frage nach, wenn du etwas nicht verstanden hast oder etwas genauer wissen möchtest.
- höre einfach nur zu; du musst dich nicht verteidigen oder Stellung zum Gesagten nehmen.
- kannst du Stellung zum Gesagten nehmen, indem du z. B. erklärst, warum du etwas auf eine bestimmte Art gemacht hast und was deine Absicht war.

(1) Erläutere kurz, welche Funktion ein Feedback hat.

____

____

____

____

→ Lösungsheft Seite 6

____

(2) Nenne Bewertungskriterien für Referate, an denen du dich beim Geben eines Feedbacks orientieren kannst. Unterscheide dabei zwischen dem Inhalt eines Referats und seiner Präsentation. **Achtung**: Es kann sein, dass du nicht alle Zeilen benötigst.

Inhalt:

- *klare, nachvollziehbare Gliederung …*
- ______________________________
- ______________________________
- ______________________________
- ______________________________
- ______________________________

Präsentation:

- *der Vortragende sprach frei …*
- ______________________________
- ______________________________
- ______________________________
- ______________________________
- ______________________________

→ Lösungsheft Seite 7

2 Argumentieren und Erörtern

2.1 Argumentieren

Eine **Argumentation** besteht aus drei Teilen:

- **These** (vom griechischen Verb für „setzen, aufstellen“): die aufgestellte Behauptung, Meinung oder Forderung
- **Argument** (vom lateinischen Verb für „erhellen, beweisen“): die Begründung, der Grund, die Ursache für die These; These und Argument können auch ein Satzgefüge bilden
- **Beispiel**: Während Argumente Thesen stützen, stützen oder untermauern Beispiele Argumente. Beispiele für ein Argument können wissenschaftliche Untersuchungen oder allgemeine und persönliche Erfahrungen sein. Belege haben oft die Form eines Zitats und verweisen auf eine vergleichbare Situation.

Man unterscheidet dabei verschiedene **Arten von Argumenten**:

- **Faktenargumente** (allgemein akzeptierte Tatsachen, durch wissenschaftliche Untersuchungen belegte Ergebnisse, Erfahrungswerte)
- **Autoritätsargumente** (Meinungen von anerkannten Expertinnen/Experten)
- **normative Argumente** (Bezug auf allgemein akzeptierte Werte oder Vorstellungen).

(1) Hier findest du für jede der drei Arten von Argumenten zum Thema „Sollte die Benutzung von Handys an Schulen grundsätzlich verboten werden?“ jeweils ein Beispiel. Schreibe jeweils über das Argument, um welche Art von Argument (Faktenargument, Autoritätsargument oder normatives Argument) es sich handelt.

______	______	______
A: Ärzteverbände und Wissenschaftler in aller Welt machen immer wieder auf die gesundheitlichen Risiken durch elektromagnetische Strahlen insbesondere bei Kindern aufmerksam. Sie fordern, den Gebrauch von Handys auf ein Minimum zu beschränken. Schulen sollten deshalb die Nutzung von Handys auf dem Schulgelände verbieten.	**B:** Es gehört zu den allgemein anerkannten Aufgaben der Schule, soziale Ungleichheiten so weit wie irgend möglich aufzuheben. Dadurch, dass Schulen Handys, die ein ganz wichtiges Statussymbol darstellen, nicht verbieten, fördern sie die Wahrnehmung sozialer Ungleichheit und schaden bewusst Schülern aus ärmeren Schichten.	**C:** Wissenschaftliche Studien an Versuchsschulen in Dänemark haben gezeigt, dass durch die Erlaubnis, Handys zu benutzten, die Kommunikation unter den Schülern einer Schule deutlich sinkt. Um die Schulgemeinschaft zu fördern, sollten Schulen deshalb die Nutzung von Handys auf dem Schulgelände verbieten.

→ Lösungsheft Seite 7

(2) **Übung**: Überlege dir, welche weiteren Argumente es für ein Handy-Verbot an Schulen gibt. Sammle die Argumente und schreibe sie auf.

______

______

______

______

______

______

→ Lösungsheft Seite 7

2.2 Eine Erörterung vorbereiten

Bei der Vorbereitung einer Erörterung ist es wichtig, dass du dir das **Thema**, um das es geht, in seinem vollen Umfang **klarmachst**. Dazu kannst du zum Beispiel Fragen an das Thema stellen, eine Begriffsanalyse durchführen oder eine Mindmap bzw. ein Ideencluster anlegen.
In einem nächsten Schritt solltest du die verschiedenen **Argumente nach ihrer Bedeutung gewichten**, d.h. für dich klären, welchem deiner Argumente du die größte Bedeutung zumisst. Manchmal ist die Bedeutung eines Arguments subjektiv (d.h. du hältst vielleicht etwas für sehr wichtig, was ein anderer weniger wichtig findet); manchmal zeigt sich die Bedeutung eines Arguments auch darin, dass das Argument

- einen allgemein hochgeschätzten und unstrittigen Sachverhalt betrifft (z.B. sind Aspekte eines Gesetzes oder der Gesundheit wichtiger als technische oder organisatorische Aspekte)
- eine größere Reichweite hat (z.B. wenn ein Sachverhalt für sehr viele Menschen statt nur für eine kleine Gruppe zutrifft)
- unmittelbar den strittigen Sachverhalt betrifft.

(1) **Übung**: Sammle Argumente, die gegen ein generelles Handy-Verbot an Schulen sprechen. Nutze dazu eines (oder mehrere) der genannten Verfahren. Arbeite im Heft.

(2) Kreuze an, welches der Argumente in den Paaren gewichtiger ist. Nenne jeweils stichwortartig den Grund.

a) Die Maßnahme X wurde in den USA bereits sehr erfolgreich umgesetzt. ☐

Die Maßnahme X hatte in den USA den positiven Nebeneffekt Y. ☐

____

____

b) Die Maßnahme Y schadet 7% der Bevölkerung. ☐

Die Maßnahme Y nutzt 55% der Bevölkerung. ☐

____

____

c) Die Maßnahme Z ist sehr teuer. ☐

Die Maßnahme Z ist gesundheitsschädlich. ☐

____

____

→ Lösungsheft Seite 7

(3) **Übung**: Gewichte die von dir gefundenen Argumente gegen ein generelles Handyverbot an Schulen (vgl. Aufgabe (1)), indem du sie durch Ziffern (1 = wichtigstes Argument, 2 = nächstwichtigstes Argument usw.) kennzeichnest.

→ Lösungsheft Seite 7

2.3 Erörtern

Bei Erörterungen unterscheidet man zwischen textgebundenen und freien Erörterungen.
Einer **textgebundenen Erörterung** liegt dabei immer ein Text zugrunde, mit dem du dich auseinandersetzen musst: Ausgehend von diesem Text stellst du deine eigene Meinung zu dem Problem, in dem es in dem Text geht, dar.

Bei **freien Erörterungen** unterscheidet man wiederum zwischen linearen und dialektischen Erörterungen.
Im Zentrum einer **linearen Erörterung** steht ein Thema oder eine Frage, das bzw. die es auszuloten bzw. zu beantworten gilt. Der dem Thema zugrunde liegende Sachverhalt ist **nicht strittig** (z. B. Bedeutung der Schulbildung heute? Wie stark muss man sich als Ausländer den Gepflogenheiten seines Gastlandes anpassen?).
Im Zentrum einer **dialektischen Erörterung** steht ein **strittiger** Sachverhalt, zu dem es unterschiedliche Auffassungen und damit Pro- und Kontra-Argumente gibt (z. B. Verbot des Verkaufs von genetisch veränderten Nahrungsmitteln in Europa? Handy – Statussymbol und teure Spielerei oder unverzichtbares Kommunikationsmittel?). Bei dialektischen Erörterungen besteht die Aufgabenstellung meist in einer Entscheidungsfrage (oder lässt sich darauf zurückführen).

2.3.1 Eine freie Erörterung verfassen

Bevor du die Erörterung schreibst, solltest du dir einen **Schreibplan** erstellen.
Die Form des Schreibplans hängt dabei vom Erörterungstyp ab:

Lineare Erörterungen haben folgenden Aufbau:

- **Einleitung:** Hier kannst du auf die Aktualität des Themas und/oder seine Bedeutung hinweisen; dies kann auch durch ein konkretes Beispiel aus deinem Umfeld geschehen. Außerdem solltest du auf den Hauptteil überleiten, z. B. dadurch, dass du deine Meinung formulierst.
- **Hauptteil:** Im Hauptteil begründest du deine Meinung und nennst nacheinander alle Argumente für deinen Standpunkt. Achte dabei darauf, dass du mit dem schwächsten Argument beginnst und mit dem stärksten endest:
  Argument 1 (weniger wichtig) → **Argument 2** (wichtig) → **Argument 3** (sehr wichtig).
  Achte außerdem darauf, dass du deine Argumente so gut es geht mit Beispielen (auch eigenen Erfahrungen), Belegen (Fakten, Zitate, Zahlen usw.) untermauerst.
- **Schluss:** Hier kannst du deine Meinung noch einmal zusammenfassend darstellen und einen Ausblick geben (z. B. darauf, wie sich das Problem in Zukunft und/oder unter veränderten Voraussetzungen darstellt).

Dialektische Erörterungen haben folgenden Aufbau:

- **Einleitung:** Ist mit der Einleitung von linearen Erörterungen vergleichbar. Je nach Aufgabenstellung kann es hier aber auch nötig sein, den strittigen Punkt schärfer zu formulieren, sodass die gegensätzlichen Positionen ganz deutlich werden (im Sinne einer Ja-/Nein-Frage).
- **Hauptteil:** Hier gibt es zwei Möglichkeiten des Aufbaus:
  - **Möglichkeit 1:** wechselnde Argumentation – Dabei wägst du nacheinander alle Pro- und Kontra-Argumente gegeneinander ab und stellst jeweils deine Sichtweise als die überzeugendere dar.
  - **Möglichkeit 2:** zweigeteilte Argumentation – Im ersten Teil widerlegst du zunächst alle Gegenargumente:
    → **wichtigstes Gegenargument** (+ Widerlegung/kritische Hinterfragung) → **wichtiges Gegenargument** (+ Widerlegung) → **weniger wichtiges Gegenargument** (+ Widerlegung).

  Im zweiten Teil, zu dem du mit einem oder zwei Sätzen überleiten solltest, nennst du die Pro-Argumente, wobei du wieder mit dem schwächsten Argument beginnen und mit dem stärksten enden solltest:
  Argument 1 (weniger wichtig) → **Argument 2** (wichtig) → **Argument 3** (sehr wichtig).
- **Schluss:** Hier kannst du, wie bei textgebundenen Erörterungen, deine Überlegungen zusammenfassen. Du kannst die Fragestellung auch erweitern, neue Aspekte des Themas und seiner Lösung aufzeigen oder einen Appell an die Leserinnen und Leser richten.

(1) **Übung**: Erörtere das Thema „Sollte es an Schulen ein generelles Handy-Verbot geben?“. Lege zunächst einen Schreibplan an.

Schreibplan:

Einleitung	
Hauptteil	
Schluss	

→ Lösungsheft Seite 7

(2) Schreibe nun die Erörterung in dein Heft.

2.3.2 Eine textgebundene Erörterung verfassen

Bei **textgebundenen Erörterungen** solltest du dir zunächst klarmachen, wofür oder wogegen ein Autor/eine Autorin in dem der Erörterung zugrunde liegenden Text argumentiert. Häufig geht es dabei um einen **zentralen Streitpunkt**, der sich auf eine Entscheidungsfrage reduzieren lässt. Es ist möglich, dass von diesem zentralen Gesichtspunkt dann weitere Detailfragen abhängen, die ebenfalls strittig sein können.

(1) Lies den Text und stelle zusammenfassend dar, welche zentrale Streitfrage er beantwortet.

Nur Deutsch auf dem Schulhof – Mehrsprachigkeit ist kostbares Gut!

Der Schulhofstreit fing harmlos an: In einer Berliner Schule haben Eltern, Schüler und Lehrer sich darauf geeinigt, dass auf dem Schulhof möglichst Deutsch gesprochen werden soll. Strafen waren nicht vorgesehen. [...]

Dann allerdings haben Politiker sich eingemischt und eine strafbewehrte Regelung für alle Schulhöfe gefordert. „Hier spricht man Deutsch“ wäre eine Übersetzung, die fatale Assoziationen weckt, und es gab Widerspruch, der allerdings kaum gut begründet auftrat.

Nun dient der Schulhof nicht nur der Pause im anstrengenden Alltag der Institution. Er bietet die Möglichkeit unkontrollierter Gespräche mit Gleichaltrigen über Probleme jeder Art, auch über schulische Themen. Wenn die Sprachmittel fehlen, ein Sprachwechsel zur Erstsprache nicht stattfinden darf, wird die Kommunikation ärmlich und uninteressant.

Aber es soll doch unter allen Umständen Deutsch gelernt werden? Natürlich, darum geht es ja gerade. Viele wissenschaftliche Untersuchungen belegen allerdings, dass die Zweitspra-

che auf der Basis einer entwickelten Muttersprache am besten gelernt wird und ein zu früher Entwicklungsstopp schädlich sein kann.
In der Muttersprache bildet sich die elementare Begrifflichkeit aus, über sie erfolgt der erste Zugang zur Welt, in ihr entsteht das Sprachwissen, auf dem weitere Sprachen aufbauen. Wird die Entwicklung der Muttersprache zu früh beeinträchtigt, ist auch die Ausbildung der Zweitsprache oder weiterer Sprachen wie Englisch gefährdet. [...] Wer nicht gut Deutsch kann, wird durch gebrochenes Deutsch auf dem Schulhof oder im Elternhaus nicht gefördert, sondern lernt Deutsch mit Akzent. Wissenschaftlich wurde auch gezeigt, dass Unterrichtstexte viel besser verstanden werden, wenn sie in einem ersten Durchgang in der Muttersprache präsentiert werden und so das begriffliche Verständnis abgesichert wird. [...]
In der Schule sollten, solange sich dies nicht ändert, Räume für die Muttersprache geöffnet bleiben. Es kann sogar den Unterricht fördern, wenn im begrenzten Rahmen eine andere Sprache genutzt werden kann, um sich über schwierige Inhalte zu verständigen. [...]
Es ergibt also genauso wenig Sinn, Deutsch auf dem Schulhof durchzusetzen, wie den Sprachwechsel von Jugendlichen in der Straßenbahn sanktionieren zu wollen. Es sei denn, diese Jugendlichen können schon sehr gut Deutsch und die Pause soll als Ausdehnung des Unterrichts für eine Optimierung eingesetzt werden. Die Wahl der für die Verständigung geeigneten Mittel bestimmen Situation und Partner. Ist die einzige Verständigungssprache Deutsch – bei mehreren Erstsprachen –, wird natürlich Deutsch gesprochen. [...]

Mehrsprachigkeit ist ein kostbares Gut und jeder Förderung würdig. Damit würde ein wichtiger Beitrag zur Integration und gegen Parallelgesellschaften geleistet. Die relevanten Diskussionen über Ehre, Zwangsehe, Rolle von Frauen und Männern, Kopftuch, Fundamentalismus könnten von Jugendlichen in der Muttersprache geführt und weitergetragen werden.
Prof. Dr. Ludger Hoffmann, www.innovations-report.de (31.01.2006)

→ Lösungsheft Seite 7

Hast du herausgefunden, worin das zentrale Anliegen des Autors/der Autorin eines Textes besteht, solltest du die **Argumentation** des Textes **analysieren**. Dazu schreibst du zunächst alle vorgebrachten Argumente heraus oder markierst sie im Text. Anschließend musst du die Argumente prüfen und dich fragen, ob sie wirklich zutreffen oder ob sie vielleicht auf Voraussetzungen beruhen, die selbst strittig oder zweifelhaft sind. Außerdem solltest du überprüfen, ob an allen Stellen sachlich argumentiert wird.

(2) Nenne das Hauptargument von Prof. Dr. Ludger Hoffmann aus dem Text von Seite 56f. gegen eine solche Schulhofregelung und bewerte es.

Hoffmanns Hauptargument: ______

Bewertung: ______

→ Lösungsheft Seite 7

Für das **Verfassen einer textgebundenen Erörterung** gilt ebenfalls, dass du dir zunächst einen Schreibplan erstellen solltest:

- **Einleitung**: Auf jeden Fall nennen musst du, soweit jeweils bekannt, Titel, Autor/Autorin, Textsorte, Textquelle und das Erscheinungsdatum des Textes, um den es geht. Außerdem nennst du die Hauptaussage des Textes und nimmst eine erste Bewertung des Problems aus deiner Sicht vor.
- **Hauptteil:** Hier stellst du die Argumente des Autors/der Autorin vor und kommentierst bzw. bewertest sie kritisch und sachlich; dabei kannst du auch auf die sprachliche Gestaltung des Textes (Wortwahl, Satzbau, rhetorische Figuren) eingehen. Anschließend stellst du deine eigene Sicht auf das Thema dar. Deine Darstellung muss dabei gut begründet sein. Dazu solltest du dir im Schreibplan bereits Beispiele bzw. Belege für deine Argumente überlegen. – Grundsätzlich ist es zwar einfacher, wenn du die im Text vertretene Sichtweise nicht teilst, du kannst aber einem Autor/einer Autorin auch zustimmen. Dann musst du seine/ihre Argumentation verstärken und weitere Argumente nennen.
- **Schluss**: Hier fasst du deine Überlegungen zusammen; du kannst die Fragestellung auch erweitern oder neue Aspekte des Themas und seiner Lösung aufzeigen.

(3) **Übung**: Untersuche die sprachliche Gestaltung des Textes „Nur Deutsch auf dem Schulhof" (Wortwahl, Satzbau, rhetorische Figuren). Halte deine Ergebnisse stichwortartig fest und belege sie durch Beispiele aus dem Text.

______

→ Lösungsheft Seite 7

(4) **Übung**: Verfasse eine textgebundene Erörterung zum Text „Nur Deutsch auf dem Schulhof" von Prof. Dr. Ludger Hoffmann. Lege zunächst einen Schreibplan an und schreibe anschließend die Erörterung. Arbeite jeweils im Heft.

3 Erzählende Texte untersuchen und interpretieren

3.1 Arten von Erzähltexten unterscheiden

(1) Schreibe die fehlenden Bestimmungen an die richtige Stelle in der Übersicht.

Schluss ist offen – Gleichniserzählungen – verschiedene Erzählstränge – Vergleichspunkt – einen Höhe- oder Wendepunkt aufweisen – breiten Wirklichkeitsausschnitt – verschiedene Deutungen – einsträngige Handlung

Bei **Novellen** steht meist ein Ereignis (nach einer Bestimmung von Goethe: „eine sich ereignete unerhörte Begebenheit") im Mittelpunkt, das die meist ____________________ und das Verhalten der Figuren bestimmt. Novellen sind kunstvoll gestaltete längere Erzählungen (von bis zu 100 Seiten), die ähnlich wie ein szenischer Text ____________________.
Bei **Romanen**, die einen Umfang von bis zu vielen hundert Seiten haben können, werden meist ____________________ (= mehrsträngige Handlung) miteinander verflochten, deren Zusammenhang sich oft erst im Laufe der Zeit erschließt. Romane weisen außerdem ein umfangreiches Figurenpersonal auf. Im Gegensatz zur Novelle beschreiben Romane nicht einzelne Begebenheiten, sondern bilden einen ____________________ ab.
Kurzgeschichten sind nur von begrenztem Umfang (wenige Seiten) und versetzen den Leser unvermittelt in das Geschehen, wobei die Handlung schnell und dabei oft dialogisch entwickelt wird. Häufig nehmen Kurzgeschichten eine überraschende Wendung, ihr ____________________.
Gleichnisse sind kurze, lehrhafte Erzählungen, in denen durch die Geschichte (= Bildebene) ein Vergleich mit einem realen Vorgang oder einer Tatsache (= Sachebene) gezogen wird; häufig wird dieser ____________________ formuliert.
Parabeln sind ebenfalls ____________________, die im Gegensatz zum Gleichnis selbst aber keinen direkten Vergleichspunkt benennen und in denen die Bildebene in mehreren Punkten auf eine Sachebene übertragbar ist. Der Sinn von Parabeln ist deshalb komplexer und schwieriger zu erschließen. Oft lassen Parabeln auch ____________________ zu.

→ Lösungsheft Seite 7

(2) Weise am Beispiel des Textes „Fünfzehn" von Reiner Kunze die Merkmale einer Kurzgeschichte nach.

Reiner Kunze: Fünfzehn

Dieser Text ist in alter Rechtschreibung verfasst.

Sie trägt einen Rock, den kann man nicht beschreiben, denn schon ein einziges Wort wäre zu lang. Ihr Schal dagegen ähnelt einer Doppelschleppe: lässig um den Hals geworfen, fällt er in ganzer Breite über Schienbein und Wade. (Am liebsten hätte sie einen Schal, an dem mindestens drei Großmütter zweieinhalb Jahre gestrickt haben – eine Art Niagara-Fall aus Wolle. Ich glaube, von einem solchen Schal würde sie behaupten, daß er genau ihrem Lebensgefühl entspricht. Doch wer hat vor zweieinhalb Jahren wissen können, daß solche Schals heute Mode sein würden.) Zum Schal trägt sie Tennisschuhe, auf denen jeder ihrer Freunde und jede ihrer Freundinnen unterschrieben haben. Sie ist fünfzehn Jahre alt und gibt nichts auf die Meinung uralter Leute – das sind alle Leute über dreißig.

Könnte einer von ihnen sie verstehen, selbst wenn er sich bemühen würde? Ich bin über dreißig.

Wenn sie Musik hört, vibrieren noch im übernächsten Zimmer die Türfüllungen. Ich weiß, diese Lautstärke bedeutet für sie Lustgewinn. Teilbefriedigung ihres Bedürfnisses nach Protest. Überschallverdrängung unangenehmer logischer Schlüsse. Trance. Dennoch ertappe ich mich immer wieder bei einer Kurzschlußreaktion: Ich spüre plötzlich den Drang in mir, sie zu bitten, das Radio leiser zu stellen. Wie also könnte ich sie verstehen – bei diesem Nervensystem?

Noch hinderlicher ist die Neigung, allzu hochragende Gedanken erden zu wollen. Auf den Möbeln ihres Zimmers flockt der Staub. Unter ihrem Bett wallt er. Dazwischen liegen Haarklemmen, ein Taschenspiegel, Knautschlacklederreste, Schnellhefter, Apfelstiele, ein Plastikbeutel mit der Aufschrift „Der Duft der großen weiten Welt", angelesene übereinandergestapelte Bücher (Hesse, Karl May, Hölderlin), Jeans mit in sich gekehrten Hosenbeinen, halb- und dreiviertel gewendete Pullover, Nylon und benutzte Taschentücher. (Die Ausläufer dieser Hügellandschaft erstrecken sich bis ins Bad und in die Küche.) Ich weiß: Sie will sich nicht den Nichtigkeiten des Lebens ausliefern. Sie fürchtet die Einengung des Blicks, des Geistes. Sie fürchtet die Abstumpfung der Seele durch Wiederholung! Außerdem wägt sie die Tätigkeiten gegeneinander ab nach dem Maß an Unlustgefühlen, das mit ihnen verbunden sein könnte, und betrachtet es als Ausdruck persönlicher Freiheit, die unlustintensiveren zu ignorieren. Doch nicht nur, daß ich ab und zu heimlich ihr Zimmer wische, um ihre Mutter vor Herzkrämpfen zu bewahren – ich muß mich auch der Versuchung erwehren, diese Nichtigkeiten ins Blickfeld zu rücken und auf die Ausbildung innerer Zwänge hinzuwirken.

Einmal bin ich dieser Versuchung erlegen.

Sie ekelt sich schrecklich vor Spinnen. Also sagte ich: „Unter deinem Bett waren zwei Spinnennester."

Ihre mit lila Augentusche nachgedunkelten Lider verschwanden hinter den hervortretenden Augäpfeln, und sie begann „Iix! Ääx! Uh!" zu rufen, so daß ihre Englischlehrerin, wäre sie zugegen gewesen, von soviel Kehlkopfknacklauten – englisch „glottal stops" – ohnmächtig geworden wäre. „Und warum bauen die ihre Nester gerade bei mir unterm Bett?"

„Dort werden sie nicht oft gestört." Direkter wollte ich nicht werden, und sie ist intelligent.

Am Abend hatte sie ihr inneres Gleichgewicht wiedergewonnen. Im Bett liegend, machte sie einen fast überlegenen Eindruck. Ihre Hausschuhe standen auf dem Klavier. „Die stelle ich jetzt immer dorthin", sagte sie. „Damit keine Spinnen hineinkriechen können."

→ Lösungsheft Seite 7–8

3.2 Gestaltungsmittel in erzählenden Texten

Bei der Analyse von erzählenden Texten solltest du auf folgende Merkmale achten:
Erzählperspektive: Ich- oder Er-Form
Erzählhaltung: auktorial (allwissender Erzähler) oder personal (auf die Sicht einer Figur beschränkt)

Erzählweise
- **beschreibendes Erzählen**: anschauliche Darstellung von Figuren, Gegenständen oder Orten
- **berichtendes Erzählen**: der zeitlich geordnete Ablauf der Ereignisse steht im Mittelpunkt
- **szenisches Erzählen**: wie im Drama Orts- und Figurenbeschreibung, gleichzeitig dominiert Figurenrede
- **Erzählerkommentar**: Einschaltung des Erzählers mit Gedanken oder Urteilen

Figurenrede: direkte Rede, indirekte Rede (Kennzeichen: Konjunktiv I), erlebte Rede (Kennzeichen: 3. Person, Präteritum), innerer Monolog (Kennzeichen: 1. Person, Präsens)

Zeitgestaltung
- **zeitdeckend**: Erzählzeit = erzählte Zeit (Dauer der Lesezeit entspricht der im Text dargestellten Zeitspanne)
- **zeitraffend**: Erzählzeit < erzählte Zeit
- **zeitdehnend**: Erzählzeit > erzählte Zeit
- **zeitneutral**: Erzählzeit ohne Bezug zur erzählten Zeit (z. B. bei Beschreibung oder Erzählerkommentaren)

Ein Erzähltext muss sich dabei nicht an den zeitlichen Ablauf des erzählten Geschehens halten: Möglich sind sowohl **Vorausdeutungen** als auch **Rückblenden.**

(1) **Übung**: Lies den Romanauszug und beschreibe ihn mithilfe der im Merkekasten genannten Gestaltungsmittel.

Jochen Neumeyer: Übungen in Disziplin

[...] Wie lange war ich überhaupt weggewesen? Es war die Nacht zum Montag. Dienstags waren wir losgefahren. Sechs Tage. Nur zwei Nachrichten auf dem Anrufbeantworter: Meine Mutter, mein Vermieter.

Ich schlief zehn Stunden am Stück, erwachte etwas benommen, mit deutlichen Halsschmerzen, verstopfter Nase und viel zu spät, um noch zur Arbeit zu gehen. Nun gut, auf einen Tag kam es jetzt wohl nicht mehr an. Ich rief in Anders' Essener Wohnung an und hinterließ eine Nachricht auf dem Anrufbeantworter. Sollte ich bei Nines Eltern anrufen? Was hätte ich sagen sollen? Erst mal abwarten. Nicht unnötig Sorgen verbreiten. Ich kaufte Brötchen, Nasentropfen, den Spiegel und drei Zeitungen, briet mir Spiegeleier mit Speck, trank Kaffee und eine ganze Flasche Orangensaft. Normalität bitte. Was sollte ich sonst tun? Ich ließ die Waschmaschine laufen und machte den Abwasch; beides gab mir das angenehme Gefühl, mein Leben einigermaßen im Griff zu haben. Ich legte ein Lied von Pulp ein: *I'm not Jesus though I have the same initials – I'm the man who stays at home and does the dishes.* Ich rief meinen Vermieter zurück und meine Mutter. Nein, nichts Besonderes, ich habe heute einen freien Tag. Ja, viel gearbeitet, auch am Wochenende. Ein bisschen Schnupfen, aber sonst geht's mir gut. Ich räumte die Küche auf, und wischte den Boden und putzte das Bad – Effekt siehe oben: Leben im Griff. Bitte. Zeigte nicht jeder persönliche Niedergang auch äußere Symptome? Galt es nicht, wenigstens die zu vermeiden? – Ich malte mir einen Werbespot aus: Heute unrasiert zur Arbeit, morgen im Unterhemd das Mittagsbier, irgendwann nach vier Wochen halb verwest in der Wohnung entdeckt, im eigenen Kot, zwischen Bergen aus Müll, umgekippten Bierflaschen und einem laufenden Fernseher, in dem die Richterin der Justizshow spricht: „MIT MEHR DISZIPLIN WÄRE DAS NICHT PASSIERT!“ – Schnitt. – Eine große Flasche/Tüte/Dose mit Aufdruck „DISZIPLIN“ in Ganzaufnahme, Stimme aus dem Off. „DISZIPLIN. DAMIT DU NICHT ABRUTSCHST.“ – Ich bringe das Altpapier raus und wechsle die Bettwäsche. Auch meine Pornohefte wollte ich wegschmeißen, aber lieber nicht ins Altpapier – mir wäre es unangenehm, wenn die Nachbarn sie dort entdeckten. Schließlich warf ich sie, in eine Tüte verpackt, in den Biomüll. Dort würde kaum jemand rumstöbern. Ich musste an die Maden denken. Ob sie noch da waren? Lieber nicht gucken. Ich aß eine Kleinigkeit bei meinem Lieblingstürken und kaufte einen Ventilator. Mannheim war fast so heiß wie Palermo, aber wesentlich schwüler. Ich ging zum Friseur, ließ mir das Deckhaar streichholzkurz schneiden, den Nacken sauber ausrasieren. Ich kaufte mir ein weißes Hemd und eine Krawatte. Disziplin kann man kaufen. Ich fuhr zum Freibad, kehrte aber gleich am Eingang um, nicht wegen der Erkältung, sondern weil ich die Massen kreischender Kinder hörte. Noch waren Sommerferien. Die Glücklichen. Ich kaufte Obst, Salat und ein Steak. Wieder daheim, schaute ich die nachmittägliche Gerichtsshow und bügelte die frisch gewaschenen Hemden. Geht doch alles. Ich staubsaugte in Wohn- und Schlafzimmer. Dem Zustand meiner Wohnung nach zu urteilen, hatte ich mein Leben im Griff. […]

___

___

___

___

___

___

___

___

___

→ Lösungsheft Seite 8

Vor allem bei längeren Erzähltexten kann die Handlung auch strukturiert sein durch:

- verschiedene **Erzählstränge** bzw. **Haupt- und Nebenhandlungen** (z. B. das Leben der Person A und das Leben der Person B, wobei ein Zusammenhang erst nach und nach deutlich wird)
- die **Rahmen- und Binnenhandlung**
- **Motive**, d. h. wiederkehrende Erzählelemente, die die Handlung zugleich strukturieren (z. B. wiederkehrende Tages- oder Jahreszeiten, die den Text gliedern und für deine Deutung wichtig sind).

(2) **Übung**: Benenne das Motiv, durch das sich im Text „Übungen in Disziplin“ die Disziplin des Erzählers ausdrückt.

→ Lösungsheft Seite 8

___

Zu den Gestaltungsmitteln in einem Erzähltext gehört nicht zuletzt die **Beschreibung der** ihm verwendeten **Sprache** auf der Wort- und Satzebene (vgl. dazu im Einzelnen Kapitel 9).

(3) **Übung**: Beschreibe die Sprache des Textes „Übungen in Disziplin" und antworte jeweils stichwortartig.

Wortebene: ______________________________

____

____

____

Satzebene: ______________________________

____

____

____

→ Lösungsheft Seite 8

3.3 Einen Erzähltext (analysierend) interpretieren

Das **Interpretieren eines Textes** verläuft in sich immer wiederholenden und gegenseitigen ergänzenden Schritten des Bildens von Hypothesen und ihrer Überprüfung, d. h.: Nach der ersten Lektüre eines Textes formulierst du für dich eine erste Sinnvermutung, diese überprüfst du an Textmerkmalen, aufgrund dieser Überprüfung korrigierst oder präzisierst du deine Sinnvermutung, überprüfst sie erneut an Textmerkmalen und so fort, bis du sicher bist, dass du alle wichtigen Aspekte eines Textes erfasst und in deiner Deutung berücksichtigt hast.

(1) Überprüfe, welche Aspekte des Textes die folgende Deutungshypothese stützen, welche dagegen nicht.

Deutungshypothese:
Der Text „Übungen in Disziplin" zeigt einen Menschen, der sein Leben nicht mehr im Griff hat.

Aspekte, die für die Deutungshypothese sprechen	Aspekte, die der Deutungshypothese widersprechen

→ Lösungsheft Seite 8

(2) Korrigiere aufgrund deiner Überlegungen zu Aufgabe (1) die Deutungshypothese. Arbeite im Heft.

Das **verstehend-produktive Schreiben** ist eine Form der Texterschließung und kann dir helfen, die Deutungshypothese zu finden bzw. zu überprüfen. Bei dieser Form der Erschließung bearbeitest du einen Text, z. B. dadurch, dass du ihn umschreibst (z. B. indem du den Text aus der Perspektive einer anderen Figur wiedergibst oder ein anderes Ende schreibst) oder indem du einen ergänzenden Text zum Ausgangstext entwirfst (z. B. einen Tagebucheintrag, inneren Monolog oder Figurenbrief). Manchmal wird diese Form des Schreibens auch als Interpretationsverfahren von dir verlangt. Man spricht dann vom **verstehend-produktiven Interpretieren.** In diesem Fall muss deine Textbearbeitung zeigen, dass du den Ausgangstext richtig verstanden hast.

(3) **Übung**: Verfasse einen Tagebucheintrag aus der Sicht des Erzählers (Text Seite 61 f.), in dem er sein Verhalten während des Tages bewertet und konkrete Pläne für die Zukunft fasst.

→ Lösungsheft Seite 8

Die häufigste Form der Textuntersuchung ist **das analysierende Interpretieren**. Hier geht es darum, einen Text textimmanent (d. h. aus sich selbst heraus) zu erschließen und die Untersuchungsergebnisse entsprechend darzustellen. Folgende Gliederungsmöglichkeit bietet sich hierfür an:

- **Einleitung**: Hier nennst du Titel, Autor/Autorin, Textsorte und Thema; du kannst hier außerdem bereits deine Deutung vorstellen oder auf die Aktualität und die Bedeutung des Textes eingehen.
- **Hauptteil**: Hier fasst du den Textinhalt kurz zusammen, beschreibst die Gestaltungsmittel und stellst wichtige Aspekte des Inhalts und der Gestaltung mit Blick auf deine Deutung (zusammenfassend) dar. Dabei solltest du, wenn es dir möglich ist, den Autor/die Autorin und seine/ihre Zeit berücksichtigen.
- **Schluss**: Wenn noch nicht im Hauptteil geschehen, fasst du hier deine Deutung zusammen. Du kannst außerdem den Text bewerten (wie er dir gefallen hat und warum).

Achte darauf, dass sich durch deinen Text ein roter Faden zieht, für den Leser also deutlich wird, weshalb du was an welcher Stelle schreibst. Gut ist, wenn dein Schluss an die Einleitung anknüpft. Bei einer analysierenden Interpretation können dir dabei bestimmte Untersuchungsaspekte auch vorgegeben werden. In diesem Fall ist der Auftrag nicht allgemein (z.B. „Analysiere und interpretiere …“), sondern kleinschrittig formuliert (z. B. „Analysiere und interpretiere den Text ‚Übungen in Disziplin‘. Stelle dabei dar, wie …, und untersuche das …“).

(4) Analysiere und interpretiere den Text „Übungen in Disziplin“ von Seite 61 f. Arbeite im Heft.

(5) **Übung**: Analysiere den Text „Fünfzehn“ von Seite 59 f., indem du
- den Textinhalt kurz zusammenfasst und
- die Beziehung zwischen dem Erzähler und seiner Tochter charakterisierst.

Interpretiere und bewerte abschließend die Geschichte. Arbeite im Heft.

4 Gedichte untersuchen und interpretieren

4.1 Gedichtformen unterscheiden

Zu den wichtigsten **Gedichtformen** gehören:

- **Ballade**: Erzählgedicht, das eine düstere Grundstimmung aufweist und auf einen Höhepunkt hin erzählt wird. Balladen enthalten gewöhnlich Figurenrede (Dialoge, Monologe); man kann also sagen, dass Balladen sowohl lyrische (Metrum, Reim usw.), epische (Erzählform) als auch dramatische Elemente (Figurenrede) enthalten.
- **Lied/Volkslied**: Gedichtform, die meist aus vierzeiligen gereimten Strophen besteht. Oft finden sich Kehrreime (z. B. in Form eines Refrains); die Verse sind dabei drei- oder vierhebig. Der Inhalt des Gedichts ist schlicht, d. h. es werden Themen von allgemein menschlichem Gehalt behandelt, die von allen verstanden bzw. nachempfunden werden können.
- **Sonett** (vom italienischen Wort *sonetto* „kleiner Ton“): Gedichtform, die aus zwei vierzeiligen Strophen (den sogenannten Quartetten) und zwei dreizeiligen Strophen (den sogenannten Terzetten) besteht; das Reimschema folgt ursprünglich dem Muster abab/abab oder abba/abba bei den Quartetten und cdc/dcd bzw. cde/cde bei den Terzetten, wird aber vielfach abgewandelt. Inhaltlich werden in Sonetten oft Gegensätze und zugleich eine inhaltliche Entwicklung ausgedrückt.

(1) **Übung**: Bestimme die Gedichtform des Gedichts „Lore Lay“. Begründe deine Meinung.

Clemens Brentano: Die Lore Lay

Zu Bacharach am Rheine
Wohnt' eine Zauberin;
Sie war so schön und feine
Und riss viel Herzen hin.

Und brachte viel zu Schanden
Der Männer ringsumher;
Aus ihren Liebesbanden
War keine Rettung mehr.

Der Bischof ließ sie laden
Vor geistliche Gewalt –
Und musste sie begnaden,
So schön war ihr' Gestalt.

Er sprach zu ihr gerühret:
„Du arme Lore Lay!
Wer hat dich denn verführet
Zu böser Zauberei?“ –

„Herr Bischof, lasst mich sterben,
Ich bin des Lebens müd,
Weil jeder muss verderben,
Der meine Augen sieht.

Die Augen sind zwei Flammen,
Mein Arm ein Zauberstab –
O legt mich in die Flammen!
O brechet mir den Stab!“ –

„Ich kann dich nicht verdammen,
Bis du mir erst bekennst,
Warum in deinen Flammen
Mein eigen Herz schon brennt!

Den Stab kann ich nicht brechen,
Du schöne Lore Lay!
Ich müsste dann zerbrechen
Mein eigen Herz entzwei!“

„Herr Bischof, mit mir Armen
Treibt nicht so bösen Spott,
Und bittet um Erbarmen
Für mich den lieben Gott!

Ich darf nicht länger leben,
Ich liebe keinen mehr –
Den Tod sollt ihr mir geben,
Drum kam ich zu Euch her. –

Mein Schatz hat mich betrogen,
Hat sich von mir gewandt,
Ist fort von hier gezogen,
Fort in ein fremdes Land.

Die Augen sanft und wilde,
Die Wangen rot und weiß,
Die Worte still und milde,
Das ist mein Zauberkreis.

Ich selbst muss drin verderben,
Das Herz tut mir so weh,
Vor Schmerzen möcht ich sterben,
Wenn ich mein Bildnis seh.

Drum lasst mein Recht mich finden,
Mich sterben wie ein Christ!
Denn alles muss verschwinden,
Weil er nicht bei mir ist."

Drei Ritter lässt er holen:
„Bringt sie ins Kloster hin,
Geh, Lore – Gott befohlen
Sei dein berückter Sinn.

Du sollst ein Nönnchen werden,
Ein Nönnchen schwarz und weiß,
Bereite dich auf Erden
Zu deines Todes Reis'."

Zum Kloster sie nun ritten,
Die Ritter alle drei
Und traurig in der Mitten
Die schöne Lore Lay.

„O Ritter, lasst mich gehen
Auf diesen Felsen groß!
Ich will noch einmal sehen
Nach meines Liebsten Schloss.

Ich will noch einmal sehen
Wohl in den tiefen Rhein
Und dann ins Kloster gehen
Und Gottes Jungfrau sein."

Der Felsen ist so jähe,
So steil ist seine Wand,
Doch klimmt sie in die Höhe,
Bis dass sie oben stand.

Es binden die drei Ritter
Die Rosse unten an
Und klettern immer weiter,
Zum Felsen auch hinan.

Die Jungfrau sprach: „Da gehet
Ein Schifflein auf dem Rhein;
Der in dem Schifflein stehet,
Der soll mein Liebster sein!

Mein Herz wird mir so munter,
Er muss mein Liebster sein!"
Da lehnt sie sich hinunter
Und stürzet in den Rhein.

Die Ritter mussten sterben,
Sie konnten nicht hinab,
Sie mussten all verderben,
Ohn' Priester und ohn' Grab.

Wer hat dies Lied gesungen?
Ein Schiffer auf dem Rhein,
Und immer hat's geklungen
Von dem Dreiritterstein:
    Lore Lay
    Lore Lay
    Lore Lay
Als wären es meiner drei.

→ Lösungsheft Seite 8

② **Übung**: Das Gedicht wird als „Lied" ausgewiesen (vgl. „Wer hat dies Lied gesungen?"). Stelle dar, welche Inhalts- und Formelemente eines Volksliedes das Gedicht „Lore Lay" aufweist. Belege deine Einschätzung durch den Gedichttext.

____

____

____

____

____

____

____

→ Lösungsheft Seite 8

③ **Übung**: Lies das Gedicht „Die Beiden" von Hugo von Hofmannsthal auf Seite 68 f. und bestimme seine Gedichtform. Begründe deine Meinung.

____

____

____

____

→ Lösungsheft Seite 9

4.2 Gestaltungsmittel in Gedichten erkennen

① Schreibe jeweils die fehlenden Bestimmungen an die richtige Stelle in der Übersicht.

a) **Sprecher und Adressat**

unbenannt bleiben – Rollen-Ich – Perspektivfigur – lyrisches Ich

Im Gedicht wird von einem Autor/einer Autorin eine ____________________ geschaffen, die die Dinge dem Leser aus ihrer Sicht vermittelt. Der **Sprecher** kann sich als ____________________ (der Sprecher benennt sich selbst mit „Ich" oder seinem Formen) oder als ____________________ (d. h. das „Ich" steht für eine typische Figur, z. B. ein liebendes Mädchen) äußern oder ganz zurücktreten (d. h. der Sprecher verweist nicht mit dem Pronomen „ich" auf sich selbst).
Der Sprecher kann sich dabei an eine oder mehrere Personen, also an einen **Adressaten**, wenden. Der Adressat kann benannt sein (z. B. „Du") oder ____________________.

→ Lösungsheft Seite 9

b) **Inhalt**

Thema – Motive – lyrische Situation – Handlung

Auch wenn Gedichte meist keine ____________________ darstellen (wie z. B. in Balladen), so lassen sich doch oft Ereignisfolgen bzw. Veränderungen erkennen. Diese Veränderungen betreffen oft die ____________________ (d. h. die Stimmung und das Umfeld, in dem sich der Sprecher und/oder der Adressat befinden). Hier ist es oft lohnend, den Gedichtanfang mit dem Ende zu vergleichen. Gedichte behandeln dabei in aller Regel ein bestimmtes ____________________ (z. B. Naturerfahrung, Verliebtsein). Gedichte bedienen sich dabei oft epochentypischer ____________________. Diese können z. B. sein: Orte (*Meer, Wald, Höhle*), Jahres- und Tageszeiten (*Frühling, Sommer, Abend*) oder Gegenstände. Motive haben dabei stets eine besondere Bedeutung für den Inhalt bzw. das Thema des Gedichts bzw. des Textes.

→ Lösungsheft Seite 9

c) **Form und Struktur**

Trochäus – umarmender Reim – Gedichtform – Verse – Daktylus – Kreuzreim

Neben der ______________________ selbst (*Sonett, Ballade, Lied*) gehören zur formalen Beschreibung:

- Zahl der Strophen und ______________________
- Reimart, z. B. Paarreim (aabb), ______________________ (abab), ______________________ (abba)
- Metrum, z. B. Jambus (unbetont, betont), ______________________ (betont, unbetont), ______________________ (betont, unbetont, unbetont), Anapäst (unbetont, unbetont, betont).

→ Lösungsheft Seite 9

d) **Bildlichkeit**

Metapher – Personifikation – Vergleich – Sprachbilder

Einen ersten Zugang zum Inhalt eines Gedichts eröffnet eine Untersuchung der im Gedicht vorkommenden ______________________:

- ______________________: verknüpft zwei Bedeutungsbereiche durch eine gemeinsame Eigenschaft, z. B. „*schnell wie der Wind*"
- ______________________ (von griech. *metaphorein* „übertragen"): Verbindung zweier Bedeutungsbereiche, z. B. „*mit den Augen des Herzens*"
- ______________________: Vermenschlichung, d. h. Dingen werden menschliche Eigenschaften oder Handlungen zugesprochen, z. B. „*Die Bäume singen ihr Lied*".

→ Lösungsheft Seite 9

e) **Sprache**

Klanglichkeit – Satzbau – Grammatik – Klangfiguren

Zur Untersuchung und Beschreibung der **sprachlichen Gestaltung** eines Gedichts gehören im weitesten Sinne alle Merkmale der ______________________ bzw. Sprachverwendung (wie Wortwahl, ______________________ usw.), im engeren Sinne die sogenannten rhetorischen oder stilistischen Figuren. Rhetorische Figuren nennt man charakteristische Sprachverwendungen, die in der Rede- und Sprachkunst seit der Antike immer wieder verwendet wurden (vgl. die Übersicht im Abschnitt 9.3, S. 115 f.).

Ebenfalls zur sprachlichen Gestaltung kann die ______________________ eines Gedichts gezählt werden (klangstarke Wörter, ______________________).

→ Lösungsheft Seite 9

(2) **Übung**: Lies noch einmal gründlich das Gedicht „Die Beiden". Welche Aussagen über die Form des Gedichts treffen zu? Kreuze die richtigen Antworten an.

Hugo von Hofmannsthal: Die Beiden

Sie trug den Becher in der Hand –
Ihr Kinn und Mund glich seinem Rand –,
So leicht und sicher war ihr Gang,
Kein Tropfen aus dem Becher sprang.

So leicht und fest war seine Hand:
Er ritt auf einem jungen Pferde,
Und mit nachlässiger Gebärde
Erzwang er, dass es zitternd stand.

Jedoch, wenn er aus ihrer Hand
Den leichten Becher nehmen sollte,
So war es beiden allzu schwer:

Denn beide bebten sie so sehr,
Dass keine Hand die andre fand
Und dunkler Wein am Boden rollte.

	richtig	falsch
a) Das Gedicht besteht aus zwei vierzeiligen und zwei dreizeiligen Strophen (Quartette und Terzette).	☐	☐
b) Der Sprecher des Gedichts ist ein deutlich hervortretendes lyrisches Ich, das sich an einen bestimmten Adressaten wendet.	☐	☐
c) Das Reimschema der ersten Strophe weist ein Kreuzreimschema auf.	☐	☐
d) Das Gedicht ist überwiegend in vierhebigen Jamben (unbetont, betont) verfasst.	☐	☐
e) Vers 8 markiert einen rhythmischen Bruch.	☐	☐
f) Das zentrale Bild des Gedichts ist der „Becher" bzw. der (ausgelaufene) Wein.	☐	☐

→ Lösungsheft Seite 9

4.3 Ein Gedicht interpretieren

Wenn du ein Gedicht (schriftlich) interpretieren möchtest, solltest du das Gedicht zunächst einmal unter den Aspekten Sprecher (Wer spricht zu wem?), Inhalt und Bildlichkeit analysieren. Formuliere anschließend eine erste Vermutung zur Deutung des Gedichts. **Deutungshypothesen** kannst du finden, wenn du

- den Titel des Gedichts (falls vorhanden) auf das Gedicht beziehst,
- eine erste Bewertung der inhaltlichen Entfaltung im Gedicht vornimmst (Wie stellt sich die Situation am Gedichtanfang dar, wie am Schluss? Wie kommt es zu dieser Veränderung bzw. warum verändert sich nichts?),
- zentrale Motive entschlüsselst oder gliederst (Gibt es übergeordnete Motive? Welches Motiv übt die stärkste Wirkung aus?).

(1) **Übung**: Formuliere auf der Grundlage deiner bisherigen Arbeitsergebnisse sowie mithilfe der Hinweise im Merkekasten eine Deutungshypothese für das Gedicht „Die Beiden".

____

____

____

____

____

____

→ Lösungsheft Seite 9

Um deine **Deutungshypothese zu überprüfen**, kannst du nun das Gedicht unter den Aspekten Form/Struktur, Sprache und Klang untersuchen. Achte darauf, ob und wie die formale Seite des Gedichts die inhaltliche unterstützt. Wenn du keine Übereinstimmungen zwischen Form und Inhalt findest, solltest du deine Deutungshypothese überprüfen.

(2) Stelle anhand des Gedichts von Seite 68 f. stichwortartig dar, wie

a) die Struktur des Sonetts die inhaltliche Aussage stützt: ______________________

____

____

____

b) in welchem Zusammenhang das Bild des Bechers und des ausgelaufenen Weins mit dem Inhalt steht: ______________________

____

____

____

→ Lösungsheft Seite 9

(3) **Übung**: Überprüfe auf der Grundlage deiner Arbeitsergebnisse aus Aufgabe (2) deine Deutungshypothese und formuliere sie ggf. neu. Arbeite im Heft.

Gedicht-Interpretation

Wenn du deine Interpretation schriftlich festhalten möchtest, solltest du zunächst einen **Schreibplan** erstellen, in dem du alle wichtigen Inhalte der einzelnen Teile des Interpretationsaufsatzes stichwortartig festhältst.

Deine **schriftliche Interpretation** könnte folgendermaßen gegliedert sein:

- **Einleitung**: Du nennst Titel, Autor/Autorin, Thema und ggf. die Textsorte bzw. Gedichtform (sogenannte TATT-Formel); bei der Darstellung des Themas des Gedichts kannst du bereits in zwei oder drei Sätzen auf die Wirkung des Gedichts oder seine Deutung eingehen.
- **Hauptteil**:
  - **Teil 1**: Inhaltsangabe – Du informierst kurz darüber, was in dem Gedicht beschrieben wird bzw. was geschieht.
  - **Teil 2**: formale Beschreibung des Gedichts – Du informierst kurz über den Aufbau (Anzahl der Strophen und Verse, Reimschema, Metrum, Sprecher) des Gedichts.
  - **Teil 3**: Deutung – Du nennst bzw. wiederholst deine Deutung und stellst ausführlich dar, wie diese durch den Inhalt und die formalen Aspekte gestützt wird. In diesem Teil des Interpretationsaufsatzes solltest du auch wichtige Bilder und Motive sowie ihren Zusammenhang zur Deutung erklären. Eingehen kannst du außerdem auf die Stimmung des Gedichts oder seine Wirkung. Achte auf präzise Textbelege.
- **Schluss**: Zusammenfassung der Deutung – Hier kannst du auch auf den Autor/die Autorin und/oder die Zeit, in der das Gedicht entstanden ist, eingehen. ~~Schließlich kannst du an dieser Stelle~~ das ~~Gedicht aus deiner persönlichen Sicht (mit Begründung) bewerten~~. Gut ist, wenn es im Schlussteil einen Anknüpfungspunkt zur Einleitung gibt.

(4) **Übung**: Fasse den Inhalt des Gedichts strophenweise zusammen. Beschränke dich dabei auf die wesentlichen Inhalte, die du auch in Teil 1 des Hauptteils einer schriftlichen Interpretation erwähnen würdest.

→ Lösungsheft Seite 9

Strophe 1: ____

____

____

Strophe 2: ____

____

____

Strophe 3: ____

____

____

Strophe 4: ____

____

____

→ Lösungsheft Seite 9

⑤ **Übung**: Lege einen Schreibplan für eine Interpretation des Gedichts „Die Beiden" von Hugo von Hofmannsthal an. Formuliere anschließend deine Interpretation im Heft vollständig aus. Korrigiere nun deinen Aufsatz formal und inhaltlich.

Einleitung	
Hauptteil	
Schluss	

→ Lösungsheft Seite 9

Inhalt und Form von Gedichten kann man sich auch **verstehend-produktiv erschließen** (z. B. um zu einer Deutungshypothese für einen Interpretationsaufsatz zu gelangen), indem man selbst etwas schreibt, z. B. kann man das zu erschließende Gedicht umschreiben oder ein Parallelgedicht dazu verfassen.

(6) **Übung**: Erprobe das Verfahren der verstehend-produktiven Gedichterschließung, indem du ein Parallelgedicht zum Gedicht „Die Beiden“ verfasst.

→ Lösungsheft Seite 9

(7) **Übung**: Analysiere und interpretiere das Gedicht „Frage und Antwort“ von Eduard Mörike schriftlich in deinem Heft. Um zu einer Deutungshypothese zu gelangen, kannst du das Gedicht zunächst verstehend-produktiv erschließen, musst dies aber nicht tun.

Eduard Mörike: Frage und Antwort

Fragst du mich, woher die bange
Liebe mir zum Herzen kam,
Und warum ich ihr nicht lange
Schon den bittren Stachel nahm?

Sprich, warum mit Geisterschnelle
Wohl der Wind die Flügel rührt,
Und woher die süße Quelle
Die verborgnen Wasser führt?

Banne du auf seiner Fährte
Mir den Wind in vollem Lauf!
Halte mit der Zaubergerte
Du die süßen Quellen auf!

→ Lösungsheft Seite 9

5 Szenische Texte untersuchen und interpretieren

5.1 Arten von szenischen Texten unterscheiden

(1) Schreibe die fehlenden Bestimmungen an die richtige Stelle in der Übersicht.

Musik und Geräusche – groteske Züge – Akte und Szenen – Personen aus dem Adel – Scheinkonflikt – Tragödie – Regieanweisungen – Komödie – Untergang des Helden – satirischer Form – menschliche Schwäche

In **Tragödien** geht es um einen unlösbaren Konflikt, der zum ____________________ (Katastrophe) führt.

In der **Komödie** geht es dagegen um einen ____________________, der meist durch eine ____________________ entstanden ist; die Konfliktlösung erzeugt beim Zuschauer Heiterkeit. Komödien enden oft mit einem Happy End.

Das **bürgerliche Trauerspiel**, das während der Aufklärung im 18. Jahrhundert entstanden ist, weist große Ähnlichkeit mit der ____________________ auf. Gestaltet wird hier das tragische Schicksal von Menschen aus dem bürgerlichen Stand, meist im Konflikt mit ____________________.

In der **Tragikomödie** werden Elemente der Tragödie mit Elementen der ____________________ vermischt; sie erzeugt Heiterkeit, endet aber oft tragisch. Die Tragikomödie trägt häufig ____________________.

Hörspiele sind speziell für den Rundfunk verfasste szenische Texte, die sich ausschließlich akustischer Mittel (neben der Sprache also auch ____________________) bedienen; in Druckfassungen wird die klangliche Gestaltung in den ____________________ beschrieben.

Ein **Sketch** ist eine kurze dramatische Szene (ohne Aufteilung in ____________________), die in meist witziger und/oder ____________________ ein umstrittenes, oft aktuelles Thema gestaltet.

→ Lösungsheft Seite 9

(2) **Übung**: Lies den Auszug aus „Emilia Galotti“ (vgl. S. 74 ff.). Könnte es sich bei dem Text um ein bürgerliches Trauerspiel handeln? Begründe deine Meinung.

____

____

____

____

____

____

____

____

____

____

____

→ Lösungsheft Seite 9

5.2 Gestaltungsmittel in szenischen Texten erkennen

Szenische Texte (Dramen) bestehen hauptsächlich aus **Figurenrede** (d.h. Dialogen und Monologen); es gibt anders als in Erzähltexten, in denen ebenfalls Figurenrede vorkommt, keinen Erzähler. In den meist *kursiv* gedruckten **Regieanweisungen** werden wichtige Angaben zur Spielweise der Figuren und ihrem Aussehen sowie den Schauplätzen gemacht.
Formal besteht ein Drama dabei aus **Akten** (größeren Handlungseinheiten, auch „Aufzüge") und **Szenen** (Handlungseinheiten eines Aktes, auch „Auftritte" genannt, da ein Figurenwechsel auf der Bühne, und damit ein neuer „Auftritt" häufig eine neue Szene einleitet). Manche Theaterstücke enthalten zusätzlich einen Prolog (= Vorspiel vor der eigentlichen Handlung) und/oder einen Epilog (= Nachspiel zur eigentlichen Handlung).
Klassische Dramen sind in der Regel in **fünf Akte** eingeteilt, wobei jeder Akt eine bestimmte Funktion hat:

- **1. Akt – Exposition**: Die Exposition ist dem Erzählsetting in Erzählungen vergleichbar. Hier bekommt der Zuschauer alle Angaben über die Figuren, den Ort und die Zeit der Handlung, die Vorgeschichte sowie die Ausgangssituation (der dramatische Konflikt als Handlungsauslöser und -zentrum des Dramas wird angedeutet).
- **2. Akt – Steigerung**: Der dramatische Konflikt wird entwickelt und zunehmend in seiner ganzen Bedeutung erkennbar.
- **3. Akt – Höhe- oder Wendepunkt**: Die dramatische Situation erreicht ihren Höhepunkt (= maximaler Punkt der Spannung), zugleich wird eine mögliche Lösung des Konflikts angedeutet (Umschlag der Handlung).
- **4. Akt – retardierendes Moment**: Hier wird die endgültige Lösung bewusst verzögert (= retardiert); oft erweist sich dabei die im 3. Akt angedeutete Lösung als nicht gangbar.
- **5. Akt – Katastrophe**: Die Handlung bekommt eine neue Wendung, die zur Lösung des Konflikts führt. In Tragödien kommt es zur Katastrophe, in Komödien nimmt die Handlung einen glücklichen Ausgang („Happy End").

(1) **Übung**: Lies den Auszug aus Lessings Trauerspiel „Emilia Galotti" und bestimme den zentralen Konflikt, um den es in dem Stück gehen dürfte. Beachte dabei, dass der Auszug nicht aus dem I., sondern dem II. Akt stammt.

Gotthold Ephraim Lessing: Emilia Galotti

Der Prinz von Guastalla begehrt Emilia Galotti, die er auf einem Bild gesehen hat. Am Tage ihrer Hochzeit mit dem Grafen Appiani gelingt es dem Prinzen, sich Emilia zu nähern. Nach dieser Begegnung spricht Emilia mit ihrer Mutter Claudia.

ZWEITER AUFZUG
Die Szene: ein Saal in dem Hause der Galotti.

SECHSTER AUFTRITT

Emilia und Claudia Galotti.

EMILIA *(stürzet in einer ängstlichen Verwirrung herein).* Wohl mir! wohl mir! – Nun bin ich in Sicherheit. Oder ist er mir gar gefolgt? *(Indem sie den Schleier zurückwirft und ihre Mutter erblicket.)* Ist er, meine Mutter? ist er? – Nein, dem Himmel sei Dank!

CLAUDIA Was ist dir, meine Tochter? Was ist dir?

EMILIA Nichts, nichts –

CLAUDIA Und blickest so wild um dich? Und zitterst an jedem Gliede?

EMILIA Was hab ich hören müssen? Und wo, wo hab ich es hören müssen?

CLAUDIA Ich habe dich in der Kirche geglaubt –

EMILIA Eben da! Was ist dem Laster Kirch und Altar? – Ach, meine Mutter! *(Sich ihr in die Arme werfend.)*

CLAUDIA Rede, meine Tochter! – Mach meiner Furcht ein Ende. – Was kann dir da, an heiliger Stätte, so Schlimmes begegnet sein?

EMILIA Nie hätte meine Andacht inniger, brünstiger sein sollen als heute: nie ist sie weniger gewesen, was sie sein sollte.

CLAUDIA Wir sind Menschen, Emilia. Die Gabe zu beten ist nicht immer in unserer Gewalt. Dem Himmel ist beten wollen auch beten.

EMILIA Und sündigen wollen auch sündigen.

CLAUDIA Das hat meine Emilia nicht wollen!

EMILIA Nein, meine Mutter; so tief ließ mich die Gnade nicht sinken. – Aber, dass fremdes Laster uns, wider unsern Willen, zu Mitschuldigen machen kann!

CLAUDIA Fasse dich! – Sammle deine Gedanken, so viel dir möglich. – Sag es mir mit eins, was dir geschehen.

EMILIA Eben hatt ich mich – weiter von dem Altare, als ich sonst pflege – denn ich kam zu spät – auf meine Knie gelassen. Eben fing ich an, mein Herz zu erheben: als dicht hinter mir etwas seinen Platz nahm. So dicht hinter mir! – Ich konnte weder vor, noch zur Seite rücken – so gern ich auch wollte; aus Furcht, dass eines andern Andacht mich in meiner stören möchte. – Andacht! das war das Schlimmste, was ich besorgte. – Aber es währte nicht lange, so hört ich, ganz nah an meinem Ohre, – nach einem tiefen Seufzer – nicht den Namen einer Heiligen, – den Namen – zürnen Sie nicht, meine Mutter – den Namen Ihrer Tochter! – Meinen Namen! – O dass laute Donner mich verhindert hätten, mehr zu hören! – Es sprach von Schönheit, von Liebe – Es klagte, dass dieser Tag, welcher mein Glück mache – wenn er es anders mache – sein Unglück auf immer entscheide. – Es beschwor mich – hören musst ich dies alles. Aber ich blickte nicht um; ich wollte tun, als ob ich nicht hörte. – Was konnt ich sonst? – Meinen guten Engel bitten, mich mit Taubheit zu schlagen; und wann auch, wenn auch für immer! – Das bat ich; das war das Einzige, was ich beten konnte. – Endlich ward es Zeit, mich wieder zu erheben. Das heilige Amt ging zu Ende. Ich zitterte, mich umzukehren. Ich zitterte, ihn zu erblicken, der sich den Frevel erlauben dürfen. Und da ich mich umwandte, da ich ihn erblickte –

CLAUDIA Wen, meine Tochter? [...]

EMILIA Den Prinzen.

CLAUDIA Den Prinzen! – O gesegnet sei die Ungeduld deines Vaters, der eben hier war und dich nicht erwarten wollte!

EMILIA Mein Vater hier? – und wollte mich nicht erwarten?

CLAUDIA Wenn du in deiner Verwirrung auch ihn das hättest hören lassen!

EMILIA Nun, meine Mutter? – Was hätt' er an mir Strafbares finden können?

CLAUDIA Nichts; ebenso wenig, als an mir. Und doch, doch – Ha, du kennest deinen Vater nicht! In seinem Zorne hätt er den unschuldigen Gegenstand des Verbrechens mit dem Verbrecher verwechselt. In seiner Wut hätt ich ihm geschienen, das veranlasst zu haben, was ich weder verhindern, noch vorhersehen können. – Aber weiter, meine Tochter, weiter! Als du den Prinzen erkanntest – Ich will hoffen, dass du mächtig genug warest, ihm in Einem Blicke alle die Verachtung zu bezeigen, die er verdienet.

EMILIA Das war ich nicht, meine Mutter! Nach dem Blicke, mit dem ich ihn erkannte, hatt ich nicht das Herz, einen zweiten auf ihn zu richten. Ich floh –

CLAUDIA Und der Prinz dir nach –

EMILIA Was ich nicht wusste, bis ich in der Halle mich bei der Hand ergriffen fühlte. Und von ihm! Aus Scham musst ich standhalten: mich von ihm loswinden, würde die Vorbeigehenden zu aufmerksam auf uns gemacht haben. Das war die einzige Überlegung, deren ich fähig war – oder deren ich nun mich wieder erinnere. Er sprach; und ich hab ihm geantwortet. Aber was er sprach, was ich ihm geantwortet; – fällt mir es noch bei, so ist es gut, so will ich es Ihnen sagen, meine Mutter. Jetzt weiß ich von dem allen nichts. Meine Sinne hatten mich verlassen. – Umsonst denk ich nach, wie ich von ihm weg und aus der Halle gekommen. Ich finde mich erst auf der Straße wieder; und höre ihn hinter mir herkommen; und höre ihn mit mir zugleich ins Haus treten, mit mir die Treppe hinaufsteigen – –

CLAUDIA Die Furcht hat ihren besondern Sinn, meine Tochter! – Ich werde es nie vergessen, mit welcher Gebärde du hereinstürztest. – Nein, so weit durfte er nicht wagen, dir zu folgen. – Gott! Gott! wenn dein Vater das wüsste! – Wie wild er schon war, als er nur hörte, dass der Prinz dich jüngst nicht ohne Missfallen gesehen! – Indes, sei ruhig, meine Tochter! Nimm es für einen Traum, was dir begegnet ist. Auch wird es noch weniger Folgen haben, als ein Traum. Du entgehest heute mit eins allen Nachstellungen.

EMILIA Aber, nicht, meine Mutter? Der Graf muss das wissen. Ihm muss ich es sagen.

CLAUDIA Um alle Welt nicht! – Wozu? warum? Willst du für nichts, und wieder für nichts ihn unruhig machen? Und wann er es auch itzt nicht würde: wisse, mein Kind, dass ein Gift, welches nicht gleich wirket, darum kein minder gefährliches Gift ist. Was auf den Liebhaber keinen Eindruck macht, kann ihn auf den Gemahl machen. Den Liebhaber könnt es sogar schmeicheln, einem so wichtigen Mitbewerber den Rang abzulaufen. Aber wenn er ihm den nun einmal abgelaufen hat: ah! mein Kind, – so wird aus dem Liebhaber oft ein ganz anderes Geschöpf. Dein gutes Gestirn behüte dich vor dieser Erfahrung.

EMILIA Sie wissen, meine Mutter, wie gern ich Ihren bessern Einsichten mich in allem unterwerfe. – Aber, wenn er es von einem andern erführe, dass der Prinz mich heute gesprochen? Würde mein Verschweigen nicht, früh oder spät, seine Unruhe vermehren? – Ich dächte doch, ich behielte lieber vor ihm nichts auf dem Herzen.

CLAUDIA Schwachheit! verliebte Schwachheit! – Nein, durchaus nicht, meine Tochter! Sag ihm nichts. Lass ihn nichts merken!

EMILIA Nun ja, meine Mutter! Ich habe keinen Willen gegen den Ihrigen. – Aha! *(Mit einem tiefen Atemzuge.)* Auch wird mir wieder ganz leicht. – Was für ein albernes, furchtsames Ding ich bin! – Nicht, meine Mutter? – Ich hätte mich noch wohl anders dabei nehmen können und würde mir ebenso wenig vergeben haben.

CLAUDIA Ich wollte dir das nicht sagen, meine Tochter, bevor dir es dein eigner gesunder Verstand sagte. Und ich wusste, er würde dir es sagen, sobald du wieder zu dir selbst gekommen. – Der Prinz ist galant. Du bist die unbedeutende Sprache der Galanterie zu wenig gewohnt. Eine Höflichkeit wird in ihr zur Empfindung; eine Schmeichelei zur Beteurung; ein Einfall zum Wunsche; ein Wunsch zum Vorsatze. Nichts klingt in dieser Sprache wie Alles: und Alles ist in ihr so viel als Nichts.

EMILIA O meine Mutter! – so müsste ich mir mit meiner Furcht vollends lächerlich vorkommen! – Nun soll er gewiss nichts davon erfahren, mein guter Appiani! Er könnte mich leicht für mehr eitel als tugendhaft halten. – Hui! dass er da selbst kömmt! Es ist sein Gang.

wahrscheinlicher zentraler Konflikt: ____

____

____

____

→ Lösungsheft Seite 10

(2) **Übung**: Stelle dar, welche zusätzlichen Konflikte aus dem Gespräch erwachsen könnten. Lies dazu noch einmal den Auszug ab Zeile 75. Arbeite im Heft.

5.3 Einen szenischen Text interpretieren

Wenn du eine **Dramenszene** schriftlich **analysieren** möchtest, solltest du folgende Punkte berücksichtigen:

- **formale Beschreibung**: Umfang der Szene, Ort und Zeit der Handlung, beteiligte Personen (auch stumme), Besonderheiten (wie längere Monologe, eingeschobene Berichte, besondere Regieeffekte usw.)
- **Inhalt und Thema** der Szene: Was geschieht, in welchen Schritten? Welche Konflikte werden deutlich bzw. gelöst?
- Beschreibung der **Figuren**: Wie verhalten sich die Figuren zueinander? Welche Absichten haben sie bzw. welche Ziele verfolgen sie? Mit welchen sprachlichen Mitteln setzen sie ihre Absichten/Ziele um? Wie verändert sich ihre Einstellung?
- **Einordnung der Szene** in die Handlung des Stücks sowie die Bedeutung der Szene für die Aussage des Stücks (z. B. Was wird über die Figuren, ihre Absichten, ihre Beziehungen und inneren Einstellungen deutlich?)
- **sprachliche Gestaltung** der Szene: Welche besonderen sprachlichen Merkmale weist die Figurenrede auf? Welche rhetorischen Figuren werden verwendet?

In einer Prüfungsaufgabe können bestimmte Untersuchungsaspekte dabei auch vorgegeben werden. In diesem Fall musst du dich auf diese Aspekte konzentrieren, solltest aber die übrigen Untersuchungsgesichtspunkte nicht vernachlässigen, also zum Beispiel auch dann kurz auf die formale Beschreibung und/oder den Inhalt eingehen, wenn das nicht explizit von dir verlangt wird.

(1) **Übung**: Fasse den Dialoginhalt der Szene aus „Emilia Galotti" stichwortartig zusammen. Orientiere dich dabei an den sechs thematischen Abschnitten des Auftritts.

Abschnitt 1: (Z. 1–24)	Emilia kommt verwirrt nach Hause und deutet ein schreckliches Geschehen an; Nachfragen und Anteilnahme der Mutter
Abschnitt 2: (Z. 25–____)	
Abschnitt 3: (Z. ____–____)	
Abschnitt 4: (Z. ____–____)	
Abschnitt 5: (Z. ____–____)	
Abschnitt 6: (Z. ____–____)	

→ Lösungsheft Seite 10

(2) **Übung**: Fasse zusammen, welche Gesprächsziele die Mutter verfolgt und welche sprachlich-rhetorischen Mittel sie dazu einsetzt.

→ Lösungsheft Seite 10

(3) **Übung**: Charakterisiere die Beziehung zwischen Emilia und ihrer Mutter.

→ Lösungsheft Seite 10

(4) **Übung**: Fasse deine Untersuchungsergebnisse zum Auszug aus „Emilia Galotti" in einem zusammenhängenden Text zusammen. Formuliere eine Einleitung, einen Hauptteil und einen Schluss, in dem du auf die möglichen Konsequenzen dieses Gesprächs für die künftige Handlung eingehst. Arbeite im Heft.

→ Lösungsheft Seite 10

6 Sachtexte analysieren und bewerten

6.1 Sachtexte analysieren

Bei der **Analyse eines Sachtextes** spielen folgende Aspekte, die sich zum Teil gegenseitig ergänzen und bedingen, eine wichtige Rolle:

- Funktion bzw. Wirkungsabsicht
- Aufbau/Struktur
- Argumentation/Begründungszusammenhänge
- sprachliche Gestaltung.

(1) Ergänze die folgende Übersicht, indem du die aufgeführten Sprachhandlungen und Textsorten an die richtige Stelle schreibst.

Fachartikel – rechtfertigen – Gesetzestext – definieren – widerlegen – Einladung – berichten – Leserbrief – verbieten – Lexikonartikel – Kommentar – empfehlen

Sachtexte können folgende Funktion haben:

Mit Sachtexten informieren – wichtige Sprachhandlungen:	Mit Sachtexten argumentieren – wichtige Sprachhandlungen:	Mit Sachtexten appellieren – wichtige Sprachhandlungen:
• beschreiben • erklären • ____________ • ____________	• behaupten (und begründen) • ____________ • ableiten • ____________	• auffordern • ____________ • ____________ • gebieten
Beispiele (Textsorten): • Bericht • ____________ • ____________ • Reportage	*Beispiele (Textsorten):* • ____________ • wissenschaftlicher Artikel • Stellungnahme • ____________	*Beispiele (Textsorten):* • Werbetext • ____________ • ____________ • Mahnung

→ Lösungsheft Seite 10

(2) **Übung**: Lies den Sachtext und bestimme seine Funktion(en). Begründe deine Meinung, indem du zentrale Textstellen bestimmten Sprachhandlungen zuordnest.

Dominique Vidal: Klimawandel wird das Thema des Jahrhunderts

Der Erfolg des Dokumentarfilms *Eine unbequeme Wahrheit* von Friedensnobelpreisträger Al Gore zeigt, wie ernst die breite Öffentlichkeit den Klimawandel inzwischen nimmt. In Deutschland befürworten laut ZDF-Politbarometer vom März 2007 bereits 57 Prozent der Menschen höhere Steuern auf Flüge, 64 Prozent sind für ein Tempolimit von 130 Stundenkilometern oder darunter. Nur noch 35 Prozent lehnen eine Geschwindigkeitsbegrenzung ab. Aber begreifen die Menschen auch, was für eine gewaltige Revolution stattfinden muss, um den Klimawandel aufzuhalten? Immerhin haben Aktivisten wie Al Gore – und das ist ihr großer Verdienst – deutlich gemacht, dass das Überleben des Planeten höchste Priorität haben muss.

Die zweite Hälfte des vergangenen Jahrhunderts versteht man nur, wenn man sich mit dem Kalten Krieg und dem atomaren Wettrüsten befasst. Und wer begreifen will, worum es im 21. Jahrhundert geht, wird sich mit den Bedrohungen durch den Klimawandel auseinandersetzen müssen.

„Wir sind alle an Bord der ‚Titanic‘, auch wenn manche erster Klasse reisen“, schreibt die französische Politikwissenschaftlerin Susan George. Tatsächlich reist jetzt schon ein erheblicher Teil der Bevölkerung im Norden und die ganz überwiegende Mehrheit im Süden zweiter oder dritter Klasse – wenn nicht gar im Frachtraum. Was wird aus ihnen, wenn sich die Erdatmosphäre weiter erwärmt und der Meeresspiegel steigt, wenn die Begleiterscheinungen des Klimawandels – Wirbelstürme, Versteppung, Entwaldung, Bodenerosionen, Wasserknappheit, Epidemien – weiter zunehmen? Denn der Klimawandel wird fraglos zuerst die Armen treffen und ihre ohnehin prekäre Situation verschärfen. Die vielen Millionen Menschen, die seinetwegen aus ihrer Heimat fliehen müssen, drängen in die Slums, in die Rebellenarmeen der Unterprivilegierten und in die Boote, die europäische Küsten ansteuern.

Der Kampf um einen Platz zum Leben auf der Erde ist längst entbrannt. Ist nicht der Zugang zum Wasser ein Schlüssel des israelisch-palästinensischen Konflikts? Steht nicht hinter der Rivalität zwischen Russland und dem Westen, die im Kaukasus und in Zentralasien ausgetragen wird, die sich abzeichnende Ölknappheit? Ist nicht der Wettlauf um die seltener werdenden Bodenschätze mit schuld am Völkermord in Dafur? Ist es Zufall, dass al-Qaida ihre Anhänger in den schlimmsten Elendsvierteln von Asien bis Marokko rekrutiert?

Das sind die Herausforderungen, die der Klimawandel mit sich bringt. Sie definieren ein neues Paradigma der Politik, das den Abschied von herkömmlichen Denkmustern notwendig macht – auch von marxistischen. Nicht dass die Politik angesichts der ökologischen Situation an Bedeutung verlöre. Die fortschreitende Zerstörung des Globus ist zunächst eine Folge des kurzfristigen, sich über die menschlichen Bedürfnisse hinwegsetzenden Profitstrebens oder, allgemeiner gesprochen, eine Konsequenz des Produktivitätsdrucks. Langfristig wird das Leben auf der Erde nur fortbestehen, wenn ein radikaler wirtschaftlicher und politischer Kurswechsel stattfindet. Der Norden muss die Interessen des Südens stärker berücksichtigen, und das Schicksal der Milliarden Menschen, die im Norden wie im Süden in Armut leben, muss Vorrang gegenüber dem Wohlstand der wenigen Reichen haben.

Lippenbekenntnisse für den Klimaschutz gibt es mehr als genug. Meisterhaft übt sich darin George W. Bush. Noch beim G8-Gipfel im Juni 2007 lehnte er bindende Vorgaben strikt ab und schlug stattdessen neue Verhandlungen vor mit dem Ziel, die Treibhausgase allmählich zu verringern – aber bitte erst nach 2012. [...]

Auch die deutsche Regierungschefin neigt zur Doppelzüngigkeit. Während sie auf internationalen Konferenzen gern die vorbildliche Kämpferin gibt, blockiert Merkel zu Hause alle klimapolitischen Entscheidungen, die der heimischen Automobilindustrie oder der Kohlebranche wehtun könnten. Und Frankreichs Präsident Sarkozy? Der hat im Oktober 2007 einen nationalen Umweltgipfel einberufen – und ist doch ein entschiedener Befürworter von Kernenergie, Gentechnik und neuen Autobahnen.

→ Lösungsheft Seite 10

Erschließt sich die Funktion eines Sachtextes nicht nach der ersten gründlichen Lektüre, ist es hilfreich, den **Aufbau des Textes** genauer zu untersuchen. Die Untersuchung des Textaufbaus ist dabei zugleich eine wichtige Vorarbeit zur Analyse der Argumentation.
Wenn du den Aufbau eines Textes darstellen möchtest, wählst du am besten die Form eines Flussdiagramms. In ihm hältst du absatzweise die wichtigsten Aussagen bzw. Inhalte des Textes fest und markierst durch Pfeile Verknüpfungen zwischen den Absätzen.

(3) Ergänze für den fünften Absatz des Textes (Z. 31ff.) die stichpunktartige Beschreibung des Inhalts.

Absatz 1
- Öffentlichkeit nimmt den Klimawandel ernst
- aber: Hat sie begriffen, dass eine gewaltige Revolution folgen muss?

↓

Absatz 2
- 21. Jahrhundert kann nur verstehen, wer sich mit Klimawandel auseinandersetzt

↓

Absatz 3
- Folgen des Klimawandels sind für alle fatal, zuerst aber für die Armen

↓

Absatz 4
- Kampf um einen „Platz zum Leben“ ist längst entbrannt (+ Beispiele)

↓

Absatz 5
-
-
-

↓

Absatz 6
- bisher nur Lippenbekenntnisse der führenden Politiker aus dem Norden

→ Lösungsheft Seite 10

(4) Bislang ist im Flussdiagramm nur die lineare Abfolge der verschiedenen Textinhalte angezeigt (▾). Markiere wie im Beispiel durch Pfeile neben der Inhaltsdarstellung, welche der einzelnen Aussagen inhaltlich miteinander verknüpft sind. Was erkennst du? Fasse deine Beobachtungen zusammen. Arbeite im Heft.

→ Lösungsheft Seite 10

Hast du den Aufbau des Textes untersucht, kannst du die **Argumentation** genauer **analysieren.** Dazu beschreibst du am besten, welcher logische Zusammenhang zwischen den einzelnen inhaltlich verbundenen Stellen besteht. Wichtige logische Zusammenhänge sind:

- kausale Verknüpfung (Ereignis/Handlung – Grund)
- finale Verknüpfung (Handlung – Absicht)
- konsekutive Verknüpfung (Ereignis/Handlung – Folge)
- temporale Verknüpfung (Ereignis/Handlung – nachfolgendes Ereignis)
- konzessive Verknüpfung (Ereignis/Handlung – Gegengrund).

(5) Kreuze an, welcher logische Zusammenhang jeweils zwischen den beiden Sätzen besteht.

	kausal	final	konsekutiv	temporal	konzessiv
a) Klimawandel als Folge des Produktivitätsdrucks – Radikaler politischer Kurswechsel muss stattfinden: reicher Norden muss Interessen des armen Südens berücksichtigen	☐	☐	☐	☐	☐
b) Kampf um einen „Platz zum Leben“ ist längst entbrannt – bisher nur Lippenbekenntnisse der führenden Politiker aus dem Norden	☐	☐	☐	☐	☐
c) Folgen des Klimawandels sind für alle fatal, zuerst aber für die Armen – Radikaler politischer Kurswechsel muss stattfinden: reicher Norden muss Interessen des armen Südens berücksichtigen	☐	☐	☐	☐	☐
d) Herausforderungen des Klimawandels machen Abkehr von traditionellen Denkmustern notwendig – Radikaler politischer Kurswechsel muss stattfinden: reicher Norden muss Interessen des armen Südens berücksichtigen	☐	☐	☐	☐	☐

→ Lösungsheft Seite 10

Zur Analyse eines Sachtextes gehört immer auch die Beschreibung der in ihm verwendeten **Sprache** (vgl. dazu die Abschnitte 9.1, 9.2 und 9.4). Dabei sind vor allem die sprachlichen Mittel von Bedeutung, die in der jeweiligen Textsorte sonst eher nicht zu erwarten sind (z. B. sind Übertreibungen oder die Verwendung rhetorischer Figuren in Werbetexten nicht ungewöhnlich, in Fach- oder wissenschaftlichen Texten dagegen schon; umgekehrt sind für Werbetexte zum Beispiel argumentative Passagen eher ungewöhnlich).

(6) **Übung**: Beschreibe die Textpassagen sprachlich. Ordne dann den Text von Seite 79 f. auf der Grundlage deiner Ergebnisse einer Textsorte zu.

a) Aber begreifen die Menschen auch, was für eine gewaltige Revolution stattfinden muss, um den Klimawandel aufzuhalten?

b) Tatsächlich reist jetzt schon ein erheblicher Teil […] zweiter oder dritter Klasse – wenn nicht gar im Frachtraum.

____

c) Lippenbekenntnisse für den Klimaschutz gibt es mehr als genug. Meisterhaft übt sich darin George W. Bush.

____

d) Auch die deutsche Regierungschefin neigt zur Doppelzüngigkeit.

____

Textsorte: ____

→ Lösungsheft Seite 11

6.2 Eine Sachtextanalyse verfassen

Bei der schriftlichen Ausarbeitung einer Sachtextanalyse solltest du folgende Gliederungspunkte berücksichtigen:

Einleitung
- Nennen (falls bekannt) von Autor/Autorin, Titel, Textsorte, Erscheinungsjahr und -anlass
- ggf. zum Text gehörige Materialien (Infokästen, Schaubilder usw.)
- Textthema (in eigener Formulierung)
- Überleitung zum Hauptteil (kann sich durch das Thema ergeben; du kannst aber in der Einleitung auch schon einen Vorgriff auf deine Bewertung oder Deutung geben)

Hauptteil
- kurze Inhaltsangabe und Wiedergabe der Hauptthese(n)
- Darstellung des Textaufbaus und ggf. der Argumentation
- Beschreibung der verwendeten Sprache (mit Beispielen aus dem Text)
- Analyse bzw. Deutung zentraler Textstellen (unter Verwendung von Zitaten)
- Überleitung zum Schluss (z. B. durch eine Zusammenfassung der wichtigsten Deutungsergebnisse)

Schluss
- begründete Bewertung des Textes (unter Fragestellungen wie: Ist die Argumentation schlüssig? Ist der Text sprachlich angemessen formuliert? Welche Wirkung geht von dem Text aus?)
- ggf. eigene Stellungnahme zum Thema.

Selbstverständlich solltest du vor dem Schreiben einer Sachtextanalyse einen Schreibplan anlegen sowie nach dem Schreiben deinen Text inhaltlich und sprachlich kontrollieren und ggf. überarbeiten.

(1) Bewerte die beiden Einleitungen einer Sachtextanalyse zum Text „Klimawandel wird das Thema des Jahrhunderts" von Dominique Vidal: Welche gefällt dir besser? Begründe deine Meinung.

Einleitung A

In einer persönlichen Stellungnahme mit dem Titel „Klimawandel wird das Thema des Jahrhunderts" vertritt der Autor Dominique Vidal eben die im Titel genannte These. Er ist außerdem der Meinung, dass viele Menschen noch gar nicht begriffen haben, was für eine „gewaltige Revolution" stattfinden muss, um den Klimawandel zu stoppen. Im Einzelnen stellt Dominique Vidal in seiner Stellungnahme zunächst fest, dass sich die Menschen in Deutschland durchaus für den Klimawandel interessieren und ihn auch ernst nehmen. …

___

___

___

Einleitung B

Alle reden vom Klimawandel. Aber haben wir auch verstanden, „was für eine gewaltige Revolution stattfinden muss, um den Klimawandel aufzuhalten?“ Nein! sagt Dominique Vidal in seinem engagierten Text „Klimawandel wird das Thema des Jahrhunderts“, in dem er die Lippenbekenntnisse der Politiker anprangert und zugleich eine radikale Umkehr der Politik in den Ländern des reichen Nordens fordert. Auch wenn sich die Menschen bei uns durchaus für den Klimawandel interessieren, wie Vidal eingangs feststellt, …

___

___

___

Mir gefällt am besten Einleitung ____, weil ___

___

___

___

→ Lösungsheft Seite 11

(2) Verfasse auf der Grundlage deiner bisherigen Arbeitsergebnisse eine Sachtextanalyse zum Text „Klimawandel wird das Thema des Jahrhunderts“. Arbeite im Heft.

(3) **Übung**: Analysiere den Text „Eine Erde reicht nicht mehr“ auf Seite 86 f. und halte anschließend deine Ergebnisse schriftlich in einer Sachtextanalyse fest. Arbeite im Heft.

6.3 Diskontinuierliche Texte auswerten

Diskontinuierliche Texte kannst du unter folgenden Aspekten **untersuchen**:

- Darstellungsart (Diagramme, Tabellen usw.)
- Überschrift (oft zugleich das Thema)
- Quelle/Urheber des Textes; Entstehungszeitpunkt
- Maßeinheiten, Zahlenwerte (z. B. absolute Zahlen, Prozentangaben)
- Minimal- und Maximalwerte, wichtige Werte im Einzelnen

Ziel der Analyse sollten die Ermittlung der Gesamtaussage des diskontinuierlichen Textes (Was will der Text verdeutlichen?) und seine Bewertung sein (Enthält die Darstellung Fehler? Passt die Darstellungsart zum Inhalt? Berücksichtigt die Darstellung alle Aspekte eines Themas? Welche Fragen knüpfen sich an die Darstellung an?).

Beachte: Häufig stehen diskontinuierliche Texte in einem größeren Zusammenhang und ergänzen z. B. einen Sachtext. In diesen Fällen findest du oft auch im kontinuierlichen Text wichtige Hinweise zum diskontinuierlichen Text.

(1) **Übung**: Untersuche die Tabelle (Abbildung 1). Kreuze an, welche Überschrift du für am geeignetsten hältst. Begründe deine Meinung.

Abbildung 1

(globale Durchschnittswerte)	1990 (Berechnungsgrundlage)	2000	2020	2050	2080
CO_2-Konzentration in der Luft (in ml/m³)	365	390	440	656	730
Temperaturanstieg in °C (nur durch Treibhausgase)	0	0,4	1,2	2,1	3,2
Temperaturanstieg in °C (durch Treibhausgase und Schwefelpartikel)	0	0,4	1,0	1,6	2,6
Zunahme der Niederschlagsmenge (in %)	0	0,5	1,6	2,9	4,5
Meeresspiegelanstieg (in cm)	0	3,0	7,0	26,0	44,0
Weltbevölkerung in Mio. (UN, mittl. Variante)	5270	6160	7300	8900	10000

Eine langfristige Vorhersage beruht auf hochgerechneten Einzelfaktoren. Dazu gehören: Anzahl der Weltbevölkerung und die wirtschaftliche Entwicklung weltweit, somit die Emissionen an CO_2 und anderen Treibhausgasen sowie die Konzentration von Schmutzpartikeln in der Atmosphäre.

a) Klimawandel: Gegenwart und Zukunft ☐

b) Klimawandel: Prognostizierte Veränderungen bis 2080 ☐

c) Klimawandel: Beobachtungen und Vorhersagen ☐

d) Klimawandel: Auswirkungen der CO_2-Konzentration in der Zukunft ☐

Begründung: ______________________________

____

____

____

____

→ Lösungsheft Seite 11

(2) Fasse die Hauptaussage der Tabelle (Abbildung 1) zusammen.

____

____

____

____

____

____

____

→ Lösungsheft Seite 11

③ **Übung**: Die Abbildung 2 auf Seite 87 steht auch im Original beim Text „Eine Erde reicht nicht mehr". Lies zunächst den Text von Agnès Sinaï und verfasse anschließend einen Erklärungstext zur Karte, in dem du erläuterst, was man unter einem „ökologischen Fußabdruck" versteht, was die Karte zeigt und was sie aussagt.

Agnès Sinaï: Eine Erde reicht nicht mehr

Der unermessliche Wert der Ökosysteme wird auch für Ökonomen deutlich, wenn man ihn in Zahlen kleidet. Was würde es kosten, wenn der Mensch all das selber leisten müsste, was die Natur ihm kostenlos und jedes Jahr neu zur Verfügung stellt? Die Regulierung des Klimas, frisches Wasser, fruchtbare Böden, Blütenbestäubung, Lebensraum für Millionen von Arten, Nahrung, Rohstoffe und genetische Ressourcen sowie Erholungsräume und nicht zuletzt die Schönheit der Natur. Eine Arbeitsgruppe um Robert Costanza, Umweltökonom an der US-Universität Vermont, schätzt den Wert dieser Dienstleistungen auf rund 33.000 Milliarden Dollar jährlich. Das ist deutlich mehr, als der Mensch selbst leistet. Die Summe der weltweit erwirtschafteten Bruttoinlandsprodukte liegt bei 18.000 Milliarden Dollar.

Dividiert man die 33.000 Milliarden Dollar durch die sechs Milliarden Menschen auf der Erde, ergibt sich eine Öko-Gesamtleistung von etwa 5500 Dollar pro Kopf und Jahr. Für die vielen lebensnotwendigen Dienste, die das Ökosystem leistet, ist das eigentlich recht billig.

Nach Schätzungen des Umweltprogramms der Vereinten Nationen (UNEP) beläuft sich allein der wirtschaftliche Beitrag der Mangrovenwälder und der Korallenriffe je nach Region auf 200.000 bis 900.000 Dollar pro Quadratkilometer und Jahr. Der britische Ökonom Nicholas Stern rechnete 2006 alle diese Zahlen zusammen und kam auf eine Schwindel erregende Summe. Die Umweltschäden, zumal die durch die Klimaerwärmung verursachten, werden Stern zufolge 5 bis 20 Prozent aller Bruttosozialprodukte aufzehren und die Welt damit in eine tiefe Rezession führen. Die Investitionen, um den Klimawandel auf zwei Grad Celsius zu begrenzen, würden laut Stern nur 1 Prozent kosten. Wenn uns solche Gefahren drohen, warum ist es dann trotzdem so schwer, die notwendigen Ausgaben zur Rettung der Erde zu bewilligen?

Nach der in den westlichen Leistungsgesellschaften vorherrschenden Wertvorstellung ist die Umwelt außerhalb von uns. Die Gesellschaft, so unsere Wahrnehmung, ist von der Natur mehr oder weniger unabhängig, die Schäden an ihr gelten als „Lateralschäden" – als Unfälle fernab vom eigentlichen System. Die Umwelt steht nur am Rande des modernen Bewusstseins. Dieses utilitaristische, auf Nützlichkeit ausgerichtete Denken spiegelt sich auch in den klassischen Indikatoren der Wertschöpfung wie Wachstum und Bruttoinlandsprodukt wider.

Denn diese Indikatoren berücksichtigen weder Ressourcenschwund noch Abfallproduktion. In ihrer derzeitigen Form behandeln die Industriegesellschaften die Natur als auszubeutendes Territorium und wirtschaftliches Wegwerfprodukt. Diese Sichtweise ist nicht länger tragbar. Die Wirtschaft muss sich den Kapazitäten der Umwelt anpassen und aufhören, die Natur als unerschöpfliches Reservoir für ihr Wachstum zu betrachten.

Doch wie viel Natur dürfen wir in Anspruch nehmen? Stellen Sie sich vor, Sie seien Robinson Crusoe auf der einsamen Insel: Wie groß müsste Ihre Insel sein (Strand und nutzbarer Küstenstreifen inklusive), damit sie autark leben und Ihre Bedürfnisse an Nahrung, Heizung, Baumaterial, sauberer Luft, Trinkwasser und Müllentsorgung dauerhaft befriedigen könnten? Es gibt eine Berechnungseinheit dafür: den „ökologischen Fußabdruck". Er wurde von dem kanadischen Wirtschaftswissenschaftler William Rees geprägt und gibt an, welche Fläche ein bestimmter Lebensstandard beanspruchen würde. Der Fußabdruck einer Bevölkerung bezeichnet dementsprechend die Fläche an Böden und Gewässern, die nötig ist, um Ressourcen für ihren Lebensstil bereitzustellen und die anfallenden Abfälle und Rückstände aufzunehmen.

Im Wertmaßstab war der ökologische Fußabdruck der Menschheit bereits in den 1980er-Jahren größer als der Planet selber. 1999 überstieg er seine Fläche schon um 20 Prozent. Anders ausgedrückt: 1999 betrug die pro Kopf zur Verfügung stehende nutzbare Fläche 1,9 Hektar, der ökologische Fußabdruck dagegen 2,3 Hektar. US-Amerikaner haben einen ökologischen Fußabdruck von 9,7 Hektar, Briten 5,4, Franzosen 5,2 und der durchschnittliche Deutsche von 4,7 Hektar. Der ökologische Fußabdruck der einkommensstarken Länder beträgt das Sechsfache von dem der einkommensschwachen. Um den Verbrauch der Industrieländer zu decken, bräuchten wir einen zweiten Planeten. Der ist einstweilen jedoch nicht in Sicht.

Auf spielerische und damit im Detail natürlich anfechtbare Art und Weise schufen junge englische Wissenschaftler 2006 einen „Happy Planet Index“, mit dem nicht das reichste, sondern das glücklichste Land der Welt ermittelt wird. Er bewertet die Parameter Lebensqualität, Lebenserwartung und intakte Umwelt. Nach diesem Index wird das Land am höchsten bewertet, in dem man möglichst lange, möglichst genügsam und möglichst im Einklang mit der Natur lebt. Deutschland steht auf Platz 81. Nummer 1 ist Vanuatu – der im Südpazifik liegende Archipel ist also das glücklichste Land der Welt. Allerdings ist Vanuatu auch eines der Länder, die bei der Erderwärmung als erste vom steigenden Meer überspült werden. Wenn Ihnen etwas an der Rettung von Vanuatu liegt, fliegen Sie besser nicht hin.

Abbildung 2: Die Welt im Maßstab des ökologischen Fußabdrucks

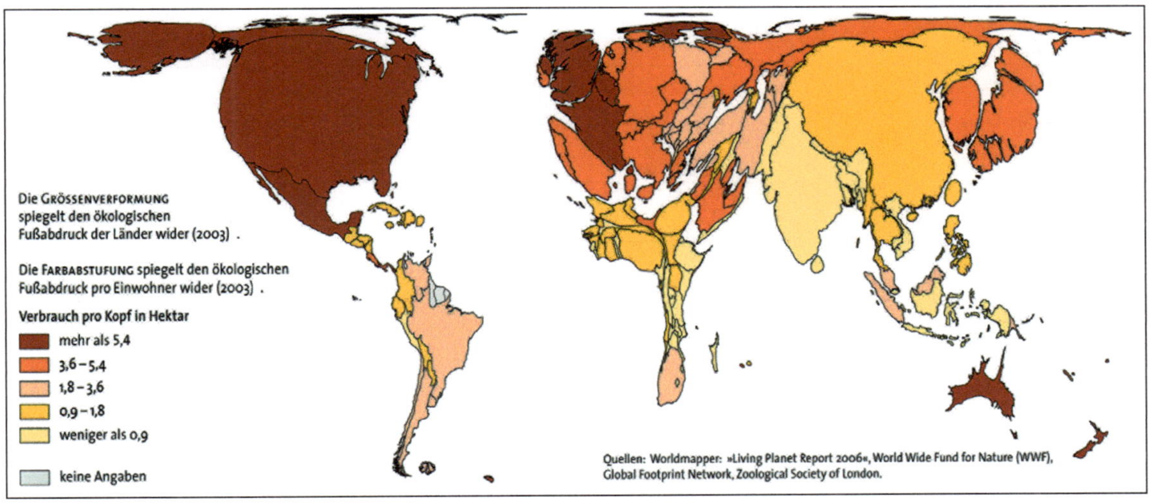

Erklärungstext Abbildung 2: ____________________

____

____

____

____

____

____

____

→ Lösungsheft Seite 11

④ **Übung**: Auch Abbildung 3 steht im Original bei dem Text „Eine Erde reicht nicht mehr". Erläutere den Zusammenhang zwischen der Grafik und dem Text bzw. Abbildung 2.

Abbildung 3

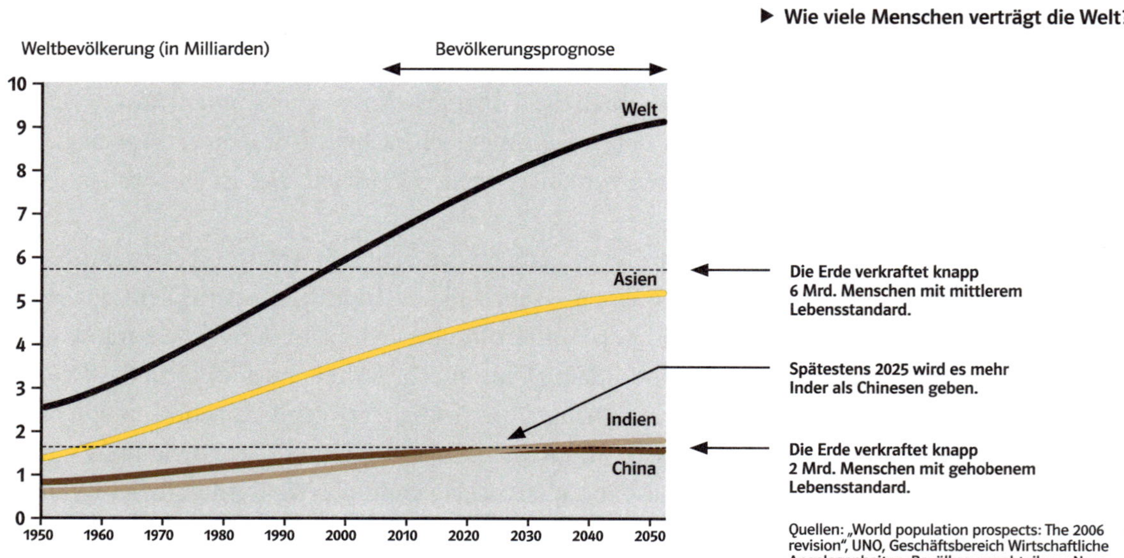

Quellen: „World population prospects: The 2006 revision", UNO, Geschäftsbereich Wirtschaftliche Angelegenheiten, Bevölkerungsabteilung, New York; Global Footprint Network, 2005.

→ Lösungsheft Seite 11

6.4 Sachtextaussagen in diskontinuierlichen Texten visualisieren

Um Zahlenangaben aus einem kontinuierlichen Text in einen diskontinuierlichen umzuformen, solltest du dir zunächst klarmachen, was du veranschaulichen möchtest (d.h. welches Ziel du mit deiner Visualisierung verfolgst) und welche Art von Zahlen bzw. Daten der Text enthält:

- **Kurvendiagramm**: eignet sich gut zur Darstellung einer Entwicklung (z.B. Daten für bestimmte Zeitpunkte)
- **Kreisdiagramm**: eignet sich gut zur Darstellung von Anteilen (z.B. Daten in Prozent von einem Ganzen)
- **Balken- oder Säulendiagramm**: eignet sich gut zur Darstellung von Zahlen im Vergleich (z.B. absolute Größen verschiedener Qualität)
- **Tabelle**: eignet sich gut zur Darstellung unterschiedlicher Daten (auch in Kombination mit Fachbegriffen oder Worterklärungen; z.B. Entwicklung verschiedener Parameter).

① Lies den Auszug aus dem Text „Eine Erde reicht nicht mehr" und kreuze an, welche Darstellungsart sich besonders gut zur Veranschaulichung der Zahlen eignet. Begründe deine Meinung.

> US-Amerikaner haben einen ökologischen Fußabdruck von 9,7 Hektar, Briten 5,4, Franzosen 5,2 und der durchschnittliche Deutsche von 4,7 Hektar.

Kurvendiagramm ☐ Kreisdiagramm ☐ Balkendiagramm ☐ Tabelle ☐

Begründung: ____

____

____

____

____

→ Lösungsheft Seite 11

Das **Erstellen von** eigenen **Diagrammen** ist mithilfe von Programmen wie „Microsoft Excel" relativ einfach:

- **Schritt 1:** Wenn du „Microsoft Excel" geöffnet hast, erscheint eine leere Tabelle, in der du die Daten erfasst, die du als Diagramm darstellen willst.
- **Schritt 2:** Du markierst die beschriebenen Felder und wählst in der Menüleiste aus dem Menü „Einfügen" den Punkt „Diagramm": Es erscheint der „Diagramm-Assistent". Wähle eine passende Darstellungsform und klicke auf „Weiter" (es erscheint eine Vorschau auf dein Diagramm, die du mit „Weiter" bestätigen kannst).
- **Schritt 3:** Es erscheint nun die Maske „Diagrammoptionen", in der du den Titel deines Diagramms (im ersten Schreibfeld links oben) eingeben kannst; bestätige deinen Titel mit „Weiter".
- **Schritt 4:** In der Maske „Diagrammplatzierung" kannst du nun entscheiden, ob du das Diagramm in die Tabelle einfügen oder auf einem Extrablatt haben möchtest.

② Kreuze bei jeder Maske an, welchem Schritt sie entspricht.

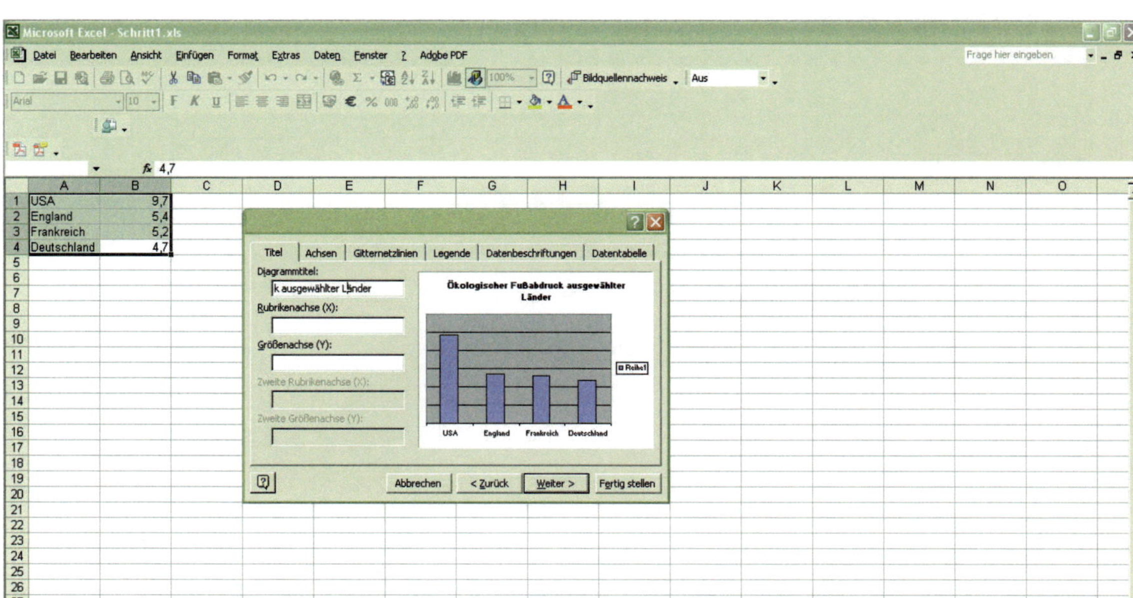

Schritt 1 ☐ Schritt 2 ☐ Schritt 3 ☐ Schritt 4 ☐

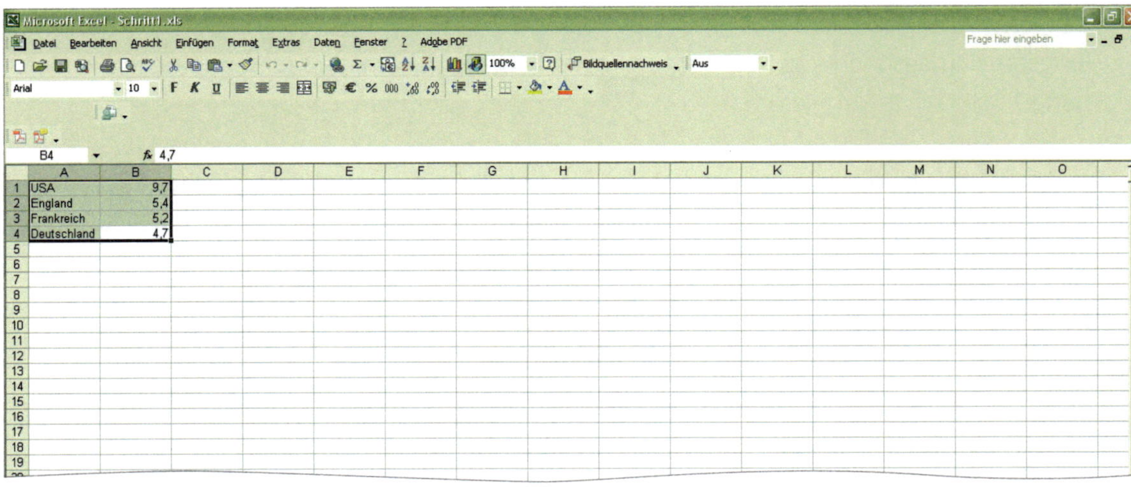

Schritt 1 ☐ Schritt 2 ☐ Schritt 3 ☐ Schritt 4 ☐

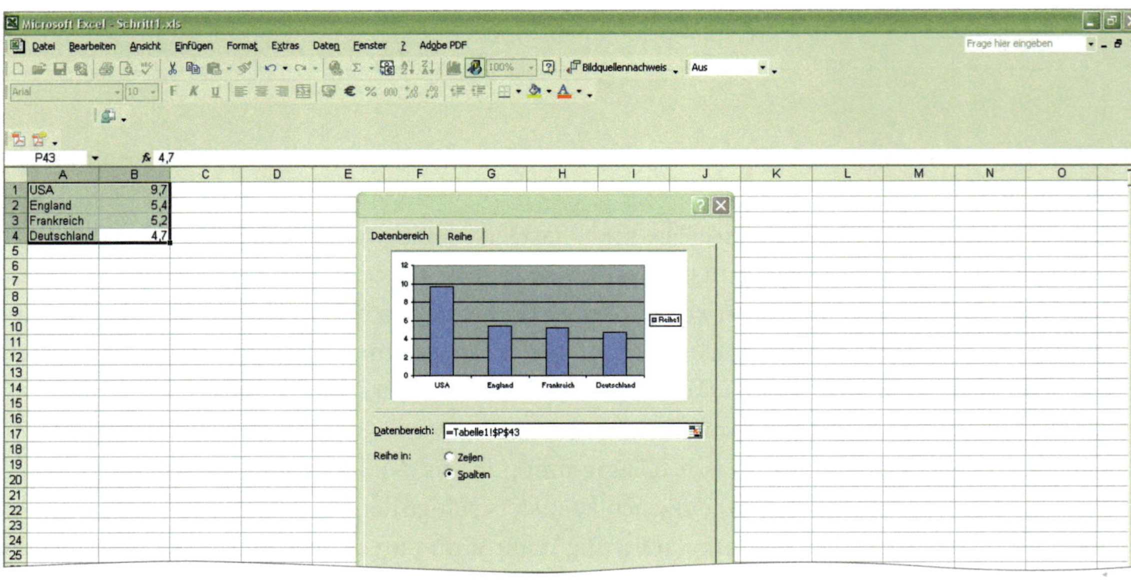

Schritt 1 ☐ Schritt 2 ☐ Schritt 3 ☐ Schritt 4 ☐

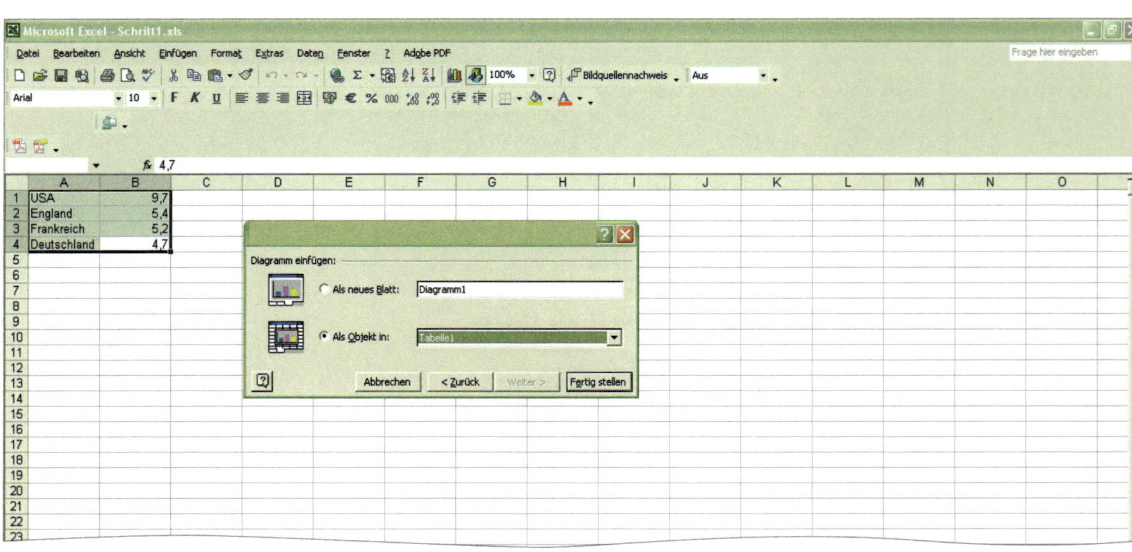

→ Lösungsheft Seite 11

Schritt 1 ☐ Schritt 2 ☐ Schritt 3 ☐ Schritt 4 ☐

→ Lösungsheft Seite 11

(3) **Übung**: Probiere das Erstellen eines Diagramms selbst aus, indem du die Daten aus Bild 2 übernimmst.

7 Medientexte analysieren und bewerten

7.1 Medientexte analysieren

(1) Ergänze die Übersicht, indem du die aufgeführten Merkmale an die richtige Stelle schreibst.

- tagesaktueller Bezug
- Vor-Ort-Recherche
- anschauliche, lebendige Sprache
- sachlicher, darstellender Stil
- argumentative Grundstruktur
- Parteinahme durch den Autor

Textsorte	Hauptmerkmale
Bericht	• typischer Textaufbau (Überschrift, Vorspann, Zwischenüberschriften) • ________________ • tagesaktueller Bezug • typischer Aufbau (Basisinformationen mit Antwort auf die W-Fragen, dann Hintergründe und Zusatzinformationen)
Stellungnahme (z. B. Kommentar, Blog, Essay)	• ________________ • wertende, zum Teil anspruchsvolle bzw. kunstvoll gestaltete Sprache • ________________ • ________________
Reportage	• ________________ • Wechsel der Darstellung vom konkreten Einzelfall zum Allgemeinen • enthält persönliche bzw. wertende Eindrücke des Autors/der Autorin • Meinungen und Gefühle der Beteiligten werden wiedergegeben und zugleich Hintergründe benannt • ________________

→ Lösungsheft Seite 11

(2) **Übung**: Bestimme die Textsorte des Textes „Bohlen holt Benni zurück" von Seite 92 anhand der Merkmale in der Übersicht und begründe deine Einschätzung.

____

____

____

____

____

____

____

____

→ Lösungsheft Seite 11–12

Mediale Texte weisen häufig auch eine besondere **formale Gestaltung** auf, bei der so unterschiedliche Dinge wie Farbgebung, Schriftgröße und -art oder Illustrationen sowie das Textumfeld für die Gesamtwirkung des Textes bedeutsam sein können.

(3) Übung: Beschreibe die formale Gestaltung des Textes „Bohlen holt Benni zurück".

Microsoft Internet Explorer

Datei Bearbeiten Ansicht Favoriten Extras ?

Zurück Suchen Favoriten

Adresse www.bild.de/BILD/entertainment/TV/ Wechseln zu Links

NACH „SUPERSTAR"-AUSSTIEG

Bohlen holt Benni zurück

VON DANIEL CREMER UND ANNA HESSE

Tötensen – **Der Kleine ist wieder da!**

Nach dem Ausstieg von Benjamin Herd (16) aus der RTL-Show „Deutschland sucht den Superstar" (Bild berichtete) hat Dieter Bohlen (54) das coole Casting-Küken wieder eingefangen.

Dieter Bohlen (54) konnte Benjamin Herd (16) überreden, bei DSDS wieder einzusteigen

Benni hatte hingeschmissen, weil er sich von der Jury gemobbt fühlte! Besonders hart hatten ihn Kommentare von Bohlens Jury-Kollegen Bär Läsker („Benni, du nervst") getroffen. Gestern fand in der Villa des Pop-Titanen in Tötensen ein Krisengipfel statt. Benni reiste mit Mama Heidi an. Die Aussprache dauerte eineinhalb Stunden. Danach machte sich Benni Gedanken – und dann Tausende von Teenies glücklich:
„Ich komme zurück", sagte Benni zu BILD. Heute will er wieder in die „Superstar"-Villa ziehen.
Wie hat Bohlen das geschafft?
„Ich habe Benni geraten, nicht aufzugeben. Wie oft haben Leute zu mir gesagt: ‚Dieter, du bist Scheiße!' Ich bin immer wieder aufgestanden. Wenn Benni weggerannt wäre, würde er sich immer fragen, wie weit er gekommen wäre."
Der Besuch bei Bohlen hat Bennis Selbstbewusstsein gestärkt.
Der 16-Jährige zu BILD: „Dieter hat mir Mut gemacht. Für mich zählt nur noch seine Meinung. Der Rest der Jury ist mir egal. Wetten, dass am Samstag noch mehr Mädels für mich anrufen? Dann bin ich meinem Traum ein Stück näher: ein berühmter Rapper zu werden."

Internet

Start

→ Lösungsheft Seite 12

Die Analyse von medialen Texten umfasst – wie bei allen anderen Texten – auch den sprachlichen Bereich. Besonders Stellungnahmen sind sprachlich häufig kunstvoll gestaltet und enthalten oft auch rhetorische Figuren.
Bei der **Beschreibung der Sprache** solltest du zum einen den Stil des Textes allgemein beschreiben (sprachliche Gestaltung), zum anderen kannst du auf besondere Wörter oder Wendungen bzw. Textstellen (genauer) eingehen (z. B. rhetorische Figuren).

(4) **Übung**: Charakterisiere die Sprache des Textes „Bohlen holt Benni zurück" allgemein (sprachliche Gestaltung, Stil).

→ Lösungsheft Seite 12

(5) **Übung**: Beschreibe die folgenden Ausdrücke bzw. markierten Sprachmittel genauer (z. B. indem du das rhetorische Mittel angibst, das zum Einsatz kommt).

a) das coole Casting-Küken:

b) Der Kleine ist wieder da!/ …weil er sich von der Jury gemobbt fühlte!:

c) Krisengipfel:

d) Pop-Titan:

→ Lösungsheft Seite 12

7.2 Zu einem Text kritisch Stellung nehmen

Eine **kritische Stellungnahme** zu einem Text muss sich nicht unbedingt auf die im Text vertretene Meinung oder die dort genannten Argumente beziehen (vgl. dazu Abschnitt 2.3.2 „Eine textgebundene Erörterung verfassen“, S. 56 ff.), sondern kann zum Beispiel auch auf die Sprache, die Intention des Autors/der Autorin oder die Wirkung des Textes eingehen. Eine kritische Stellungnahme kann sich außerdem mit dem befassen, was zu einem Thema nicht im Text steht.
Wenn du zu einem Text kritisch Stellung nehmen möchtest, solltest du:

- dein Vorwissen zum Thema aktivieren und dir deine Meinung dazu klarmachen bzw. (offene) Fragen an das Thema richten
- den entsprechenden Text gründlich lesen und ggf. seine Argumentation untersuchen
- den entsprechenden Text sprachlich und formal analysieren
- die Intention des Verfassers ermitteln, indem du folgende Fragen an den Text richtest:
  - Für wen ist der Text geschrieben? Aus welchem Anlass?
  - Was ist die Hauptaussage des Textes?
  - Welche Wirkung geht vom Text auf mich aus?
  - Passen Hauptaussage, Gestaltung und Wirkung zum Anlass und zu den Adressaten?

(1) **Übung**: Aktiviere dein Vorwissen zum Thema „Casting-Shows“.

(2) Formuliere fünf Sätze und/oder Fragen zum Thema „Casting-Shows“. Deine Fragen können sich auf allgemeine Aspekte dieses Sendeformats beziehen, deine Sätze können deine Meinung zu diesen Shows wiedergeben, aber auch Aussagen über die Mitwirkenden, die Zuschauer, die Kritik an diesen Shows, einzelne Shows selbst usw. enthalten.

Satz/Frage 1: ______________________________

____

____

Satz/Frage 2: ______________________________

____

____

Satz/Frage 3: ______________________________

____

____

Satz/Frage 4: ______________________________

____

____

Satz/Frage 5: ______________________________

____

____

→ Lösungsheft Seite 12

(3) Lies die beiden Auszüge aus den Berichten (Text 1 und 2), die sich mit dem Start der dritten Staffel von „Germany's Next Topmodel" befassen. Halte die Unterschiede, die dir auffallen, stichwortartig fest. Formuliere, was sich aus der unterschiedlichen Schwerpunktsetzung über die Einstellung der Verfasser zum Thema ablesen lässt.

Text 1

Microsoft Internet Explorer

Adresse www.sol.de/news/stars/boulevard

„Germany's Next Topmodel": Die dritte Staffel geht los

Von Carsten Rave, dpa

Sie sei eine kleine Naschkatze, räumt die gertenschlanke Barbara Meier ein und deswegen mache sie jetzt für einen bundesweit bekannten Schokoladenriegelhersteller Werbung.

Außerdem hat sich die 21-Jährige in den Dienst eines Bekleidungshauses und eines Haarpflegeproduzenten gestellt. Die Nachfrage sei groß gewesen, nachdem sie im vergangenen Jahr den ProSieben-Wettbewerb „Germany's Next Topmodel" gewonnen habe, unterstreicht die junge Frau mit den rötlichen Haaren.

Auch Lena Gercke kann sich nicht beklagen. Die 19-Jährige aus Cloppenburg, die die erste Staffel 2006 gewann, musste zwar erst einmal ihr Abitur nachmachen, aber ist inzwischen für ein Lakritzunternehmen und für einen großen Software-Händler aktiv geworden. Auch die jungen Damen, die nicht ganz oben auf dem Treppchen standen, profitierten von der Castingshow, ob sie nun für den einen oder anderen Film vor der Kamera standen oder für das FC Bayern TV moderierten.

Die Show mit der Hauptprotagonistin Heidi Klum in der Jury wird wegen guter Quoten von diesem Donnerstag (20.15 Uhr) an fortgesetzt, zumal sich das TV-Produkt als ideal für den Sender ProSieben und seine Beziehungen zu den Werbekunden erweist. Denn Peymann Amin, neben Klum auch Jurymitglied, ist Agent der weltweit operierenden Modelagentur IMG, bei der auch Klum unter Vertrag steht. Seine Mädchen flanieren auf den Laufstegen aller Kontinente und werden für Werbefeldzüge eingespannt, die sich auch als Spots auf ProSieben wiederfinden dürften – eine Hand wäscht die andere.

18200 junge Frauen aus ganz Deutschland haben sich für die dritte Runde des Wettbewerbs beworben. Rund 100 von ihnen werden zur ersten Show eingeladen. „Die Mädchen steigen schneller in das echte Model-Leben ein", kündigt die 34-jährige Klum an. „Sie werden viel unterwegs sein, und zwar in alle Himmelsrichtungen." Die Siegerin erhält bei der Modelagentur IMG einen Vertrag und macht mit der Zeitschrift „Cosmopolitan" – auch ein Bestandteil der fein gestrickten Crosspromotion – ein Fotoshooting fürs Titelbild. [...]

Den Vorjahressiegerinnen ist der Erfolg nicht zu Kopfe gestiegen, wie beide betonen. Sie geben sich bodenständig. Beide wohnen trotz ihres Jet-Set-Lebens noch bei ihren Eltern. „Man muss auf dem Teppich bleiben", sagte Gercke. Meier: „Ich bin so viel unterwegs, da lohnt es sich gar nicht, eine eigene Wohnung zu beziehen." Die Mathematikstudentin Meier will weiter an der Universität büffeln, aber möglichst wenige Veranstaltungen besuchen. Auch der Stylist Boris Entrup warnt alle Kandidatinnen davor, abzuheben. „Ein Model muss auch den Müll runterbringen können", sagt er.

Text 2

Henry heult nicht bei Heidi

Bei „Germany's Next Topmodel" werden von morgen an wieder Hoffnungen geweckt und Träume zerstört. Doch Models können auch auf normalem Wege beginnen.

Von Marco Dettweiler

Henrike wird vor dem Fernseher sitzen und sich die dritte Staffel von „Germany's Next Topmodel" anschauen. Sie selbst hätte sicherlich gute Chancen, bei Heidi Klums Casting-Show ins Finale zu kommen. Die Neunzehnjährige hat ein ebenmäßiges, hübsches Gesicht mit vollen Lippen und braun-grünen Augen, eine sehr schlanke und dennoch weibliche Figur. Auch weiß sie, wie sie sich vor der Kamera zu präsentieren hat. Doch Henrike Harasymir hat sich für die deutsche Topmodel-Suche noch nie beworben. Sie braucht es auch nicht. Sie ist schon ein Model.

Ihre Agentur in Berlin sieht Fernseh-Casting-Shows skeptisch. Mädchen mit Model-Potenzial könnten doch viel leichter an „offenen Castings" teilnehmen, sagt Melanie Constein, Henrikes Bookerin bei der Agentur Viva-Models. Dienstagnachmittags stehe für ein paar Stunden bei ihnen die Tür offen, damit man sich bewerben könne. Die Agentur würde die Tür schnell wieder verschließen, wenn nur ein Zehntel der Bewerberinnen der Topmodel-Fernsehshow anklopfen würde: 18200 Mädchen hatten sich für die dritte Staffel beworben.

Melanie, die einen sofort beim Vornamen nennt, aber siezt, hat nichts von der aufgeregten Strenge einer Heidi oder der entfesselten Emotionalität eines Bruce. In ihrem schwarzen Outfit und mit ihrem braven Kurzhaarschnitt macht sie den Eindruck, als könnten die abgelehnten Mädchen und Jungen wieder mit Würde und ohne verheultes Gesicht nach Hause fahren. An „Germany's Next Topmodel" teilzunehmen, sei eventuell sogar hinderlich für die Karriere: „Die Models werden bei der Show häufig bloßgestellt." Peinliche Situationen wie miserable Schauspieleinlagen, Heulanfälle oder Zickenkrieg vor einem Millionenpublikum könnten künftige Kunden abschrecken. Schließlich sollen Models „irgendwie entfernt und entrückt" sein.

Der Sitz der Agentur ist für die ikonenhafte Stilisierung eines Models genau der richtige Ort: gleich am Hackeschen Markt in Berlin-Mitte. Vom zweiten Stock des neuen Gebäudes mit durchgängiger Glasfassade blicken die Mitarbeiter direkt auf die Straßenkreuzung, an der die Touristendichte und das Ich-bin-schön-Bewusstsein der Hauptstadt wohl am stärksten ausgeprägt sind. Hier ist die geeignete Umgebung, die Auserwählten auf Paris, Mailand, New York oder London vorzubereiten.

Natürlich möchte auch Henrike am liebsten dorthin. Die ersten Schritte hat sie bereits getan. Von dem idyllischen Dorf Dolgen in der Nähe von Hannover fuhr sie vor einem Jahr nach Wolfsburg und Laatzen, um an Model-Castings teilzunehmen. Sie gewann beide Wettbewerbe. „Der Anfang hat geklappt", sagt Henrike und schiebt ihre dunkelblonden Haare zur Seite. Sie will nun unbedingt weiterkommen. Ob es reicht? […]

Frankfurter Allgemeine Zeitung (Mittwoch, 27.02.2008)

Unterschiede zwischen Text 1 und Text 2: ______________________________

____

____

____

Einstellung der Verfasser:

→ Lösungsheft Seite 12

(4) Begründe, welcher der beiden Texte deiner Sichtweise auf dieses Sendeformat bzw. die Casting-Show „Germany's Next Topmodel" eher entspricht.

→ Lösungsheft Seite 12

Wenn du eine **kritische Stellungnahme** verfasst, sollte diese in Einleitung, Hauptteil und Schluss gegliedert sein:

- **Einleitung**:
  - Bezug zum Text (Titel, Autor/Autorin, ggf. Erscheinungsdatum und -ort)
  - Nennen des Textthemas und des/der Aspekte/s, auf die du dich beziehen möchtest
  - ggf. Hervorhebung der Bedeutung des Themas
- **Hauptteil**:
  - kurze inhaltliche Zusammenfassung des Textes
  - ausführliche Beschreibung der Aspekte, auf die du dich beziehen willst (z. B. Sprache, Argumentation, Wirkung;
    Achtung: Wenn du dich nicht auf die Argumentation und Sprache ausführlich beziehst, musst du zumindest kurz darauf eingehen)
  - Darstellung deiner eigenen Sichtweise (in Bezug auf die ausgewählten Aspekte des Textes;
    Achtung: Deine Meinung muss deutlich erkennbar sein.)
  - Begründung der eigenen Sichtweise, ggf. Widerlegung möglicher Gegenargumente
- **Schluss**: Zusammenfassung, Fazit, Forderung (Appell) o. Ä.

(5) **Übung**: Nimm kritisch Stellung zu dem Artikel, der deiner Meinung weniger entspricht. Beziehe in deine Stellungnahme Aspekte der Casting-Show mit ein, die in diesem Artikel nicht zur Sprache kommen. Lege zunächst stichwortartig einen Schreibplan an und formuliere anschließend deine Stellungnahme in deinem Heft aus.

Schreibplan:

Einleitung	
Hauptteil	
Schluss	

→ Lösungsheft Seite 12

7.3 Eine Filmkritik analysieren und schreiben

Eine **Filmkritik** besteht in der Regel aus folgenden Elementen:

- **Angaben zum Film**: Titel, Regisseur, Drehbuch, Darsteller, Filmlänge, Sendetermin (bzw. Erstausstrahlung) sowie ggf. weitere Daten zu den an der Filmentstehung beteiligten Personen (Produzent, Maskenbildner, Kameramann usw.)
- **Filminhalt** (Gang der Handlung) **und -beschreibung** (auffällige gestalterische Elemente wie Bildführung, Schnitttechnik, Spezialeffekte, Kulissen usw.)
- **Kritik** am Film insbesondere unter den Aspekten Glaubwürdigkeit der Handlung/des Drehbuchs, Besetzung der Rollen, technische Umsetzung, Filmmusik
- **abschließende Beurteilung**, oft in Form einer Empfehlung.

Wenn du **selbst eine Filmkritik schreiben** möchtest, kannst du dich an den genannten Aspekten orientieren: In der Einleitung machst du die wichtigsten Angaben zum Film und nennst sein Thema; im Hauptteil beschreibst du den Film (inklusive Handlung) und kritisierst ihn. Im Schlussteil kannst du deine Kritik zusammenfassen und eine Empfehlung aussprechen.

(1) Untersuche die Filmkritik zur „Truman Show“ und kreuze an, welche Aspekte der Filmbeschreibung sie berücksichtigt hat.

Microsoft Internet Explorer

Adresse www.filmspiegel.de

„In der Welt da draußen gibt es keine besseren Wahrheiten."

Truman Show, Die (Truman Show, The)
12.11.1998, USA, 103 min
R: Peter Weir
B: Andrew Niccol
D: Jim Carrey, Laura Linney, Ed Harris, Noah Emmerich

Inhalt

Er führt ein vorbildliches, gut situiertes bürgerliches Leben in der insulanischen Kleinstadt Seahaven. Doch ist Truman Burbank (Jim Carrey) der Einzige, der nicht um die Fiktion seiner kleinen Welt weiß. Von Geburt an wurde er durch den selbsternannten Mediengott Christoff (Ed Harris) zum Hauptdarsteller der endgültigsten „Reality-Soap-Opera" produziert. Die gesamte Erscheinung seiner Umwelt und der idyllischen Stadt Seahaven ist ein gigantisches Schauspiel, gelebt im größten Studio der Welt, übertragen 24 Stunden am Tag in alle Welt. Ist alles um ihn herum inszeniert, so ist Trumans Leben, das Nichtwissen um die wahre Funktion seiner Person, das einzig Reale. Dass sein eigenes unaffektiertes Leben von Millionen Fernsehzuschauern ununterbrochen live mitgelebt wird, zeigt die Grenze des Schauspiels und die voyeuristische Faszination gegenüber der autonomen Realität Seahavens auf, in der die Truman umgebenden Schauspieler, seine Frau Meryl (Laura Linney) und Marlon (Noah Emmerich), seit Jugendtagen als bester Freund bei ihm, keinen Dialogtext haben, sondern individuell auf Truman reagieren, in zweiter Identität mit ihm leben. Truman versuchte bisher niemals, das konstruierte Paradies der Inselwelt zu verlassen, da er traumatische Angst vor dem Wasser hat, kalkuliert hervorgerufen durch den fingierten Tod seines Vaters während eines Unwetters beim Segeln.

Kritik

Geradezu brillant einfallsreich kommt der Gedanke der Geschichte daher. Als Pamphlet und drastische Medienkritik konzipiert, reflektiert Regisseur Peter Weir über das pervertierte Wesen medialer Sensationsgeilheit, über deren generellen Einfluss auf die Realitätsbildung des Menschen, vor allem über das bereits jetzt unterschätze Manipulationspotenzial des Machtinstruments Fernsehen. Wissen wir darum, dass bei der skrupellosen, immerwährenden Jagd nach Einschaltquoten jegliche intimitätsgewährleistende Distanz und Ethik auf der Strecke bleiben, so zeigt sich der gedankliche Entwurf der Truman Show zwar als noch fiktionalisiert, nicht aber als hypothetisches Konstrukt. Es ist sicher, dass das Fernsehen in Zukunft [...] zur Befriedigung des Konsumverhaltens den dokumentarischen Kamerafocus immer tiefer in die Identität der Menschen eindringen lassen muss. Insofern ist Weirs Film ein konsequentes Weiterdenken der heutigen Situation. Bereits jetzt ist das Sinken der Schamgrenze nach jeweiliger Einschaltquote variabel, der lüstern zur Schau stellende Ausverkauf menschlicher Schicksale zum Alltag geworden. [...]

In Weirs Film sind demgegenüber Realität und Fiktion nicht mehr differenzierbar: Die ganze Welt scheint gebannt auf den philisterhaft idyllischen Mikrokosmos Seahavens und den betrogenen Truman zu blicken. Das Fernsehen in der definitiven Machtposition, die Zuschauer willkürlich manipulierbar, der Programmdirektor als medialer Gott. Ed Harris in der Rolle des Christof lässt diesen überzeugend schöpferisch in sich selbst ruhen und als Meister der Inszenierung und Komposition auftreten. [...] Jim Carrey, bisher nicht durchs Schauspielen, sondern nur infantiles Grimassenschneiden zu Ruhm gelangt, kann die Figur des Truman ausreichend glaubhaft darstellen. Dennoch ist er weit vom Charakterfach entfernt und wirkt einfach nicht emphatisch genug. Überhaupt ist es dem Film leider nicht überzeugend gelungen, genügend Dynamik und eine sich konsequent steigernde Spannungskurve zu entwickeln. Die Nebenrollen sind zwar gut besetzt, aber gerade Laura Hinney wirkt als Trumans Frau Meryl durch affektiertes Gehabe und dämliches Lächeln wie der Vorbildslaiendarsteller

schlechthin. Zu oft dringt somit der Soap-Charakter durch und der Zuschauer wundert sich, wieso Truman nicht schon viel früher hinter die billig gestellte Kulisse gestiegen ist. [...]
Als schließlich die pathetische Konfrontation mit Christof erfolgt [...], ist klar, dass der quasi vergewaltigte Truman das Studio verlassen wird. Intelligent werden hier jedoch die Beziehungen und das aufeinander Angewiesensein der beiden Realitäten zur Reflexion gestellt. Truman tritt durch das Dunkel einer Studiotür in das Unerforschte der neuen Welt, nicht wissend, dass sie ihn enttäuschen könnte. Das in aller Intensität mitfiebernde Publikum feiert Trumans vermeintlichen Triumph letztendlich euphorisch, ohne zu realisieren, dass das Aus der Truman Show gleichzeitig den Verlust seines Lebensinhaltes, seiner Träume bedeutet, die sich paradoxerweise in einer eintönigen Philisterexistenz begründeten – so ist das Fernsehen.
Subtil überzogene Mediensatire in teils schwacher Umsetzung.

In der Filmkritik wurde eingegangen auf:

Handlung/Inhalt	☐	Glaubwürdigkeit der Handlung	☐	Thema des Films	☐
Rollenbesetzung	☐	Bildgestaltung/Schnitttechnik	☐	Sondereffekte	☐
Kostüme/Masken	☐	schauspielerische Leistung	☐	Filmmusik	☐

→ Lösungsheft Seite 12

(2) Fasse die Filmkritik in ihren beiden Hauptaussagen zusammen: Was wird gelobt, was dagegen negativ bewertet? Arbeite im Heft.

(3) Würdest du nach der Lektüre dieser Filmkritik auch bei anderen Filmen auf die Internetseite „www.filmspiegel.de" zurückgreifen? Bewerte die Filmkritik. Berücksichtige dabei neben dem Inhalt auch den Aufbau und die Sprache des Textes.

→ Lösungsheft Seite 12

(4) **Übung**: Auf der „Medien"-Seite von Tageszeitungen findest du oft Vorabkritiken zu neuen Filmen, die am selben oder nächsten Tag im Fernsehen zu sehen sind. Suche dir eine solche Vorabkritik, lies sie aber zunächst nicht, sondern sieh dir den dort besprochenen Film an. Schreibe zu diesem Film eine eigene Filmkritik und vergleiche sie anschließend mit der Vorabkritik. Arbeite im Heft.

→ Lösungsheft Seite 12

8 Satirische Texte, Gespräche und Reden untersuchen

8.1 Satirische Texte erschließen

Satirisches Schreiben ist nicht auf eine Textsorte festgelegt, sondern kann in allen Gattungen vorkommen. In Satiren wird immer **Kritik** an einer Person, einer Sache, einem Vorgang oder an einem Ereignis geäußert. Der Autor/die Autorin möchte dabei „den Leser auf seine/ihre Seite ziehen". Damit der Leser die Kritikwürdigkeit einer Sache erkennt, wird die Darstellung dieser möglichst scharf von einem (vorgestellten) Idealzustand abgehoben, d. h. es wird gezeigt, wie sehr sich eine Sache in der Wirklichkeit vom wünschenswerten Idealzustand entfernt hat.
Um diesen **Kontrast zwischen Wirklichkeit und Idealzustand** zu verdeutlichen, werden verschiedene Gestaltungsmittel (Stilmittel) eingesetzt. Wichtige Mittel sind:
- Gegenüberstellungen (Vergleiche, Antithesen)
- Ironie (= das Gegenteil dessen sagen, was gemeint ist)
- Übertreibung/Untertreibung (z. B. Euphemismen, überzogene Metaphern bzw. Vergleiche)
- Verdichtung
- Karikatur (= verzerrende Darstellung der Wirklichkeit; der Begriff „Karikatur" wird dabei oft auch für Zeichnungen verwendet, die mit diesem Mittel arbeiten)
- Parodie (= verspottende Nachahmung eines bekanntes Werkes, einer Textsorte oder eines chreibstils).

(1) Der Text „Sommermärchen vom Wirte wundermild" parodiert sowohl die Textsorte Märchen an sich als auch eine Reihe einzelner Märchen. Nenne zunächst allgemeine Merkmale von Märchen, die im Text verarbeitet werden, und anschließend zwei Märchen (mit Textbeleg), aus denen Figuren oder Handlungselemente übernommen werden.

Wolfram Siebeck: Sommermärchen vom Wirte wundermild

Es waren einmal ein Mann und eine Frau, die hießen Hans und Grete und hatten zu Hause nichts zu essen, weil alle Geschäfte Betriebsferien machten. So setzen sie sich in ihren Volkswagen und fuhren aufs Land. Da aber viele Umleitungen waren, verfuhren sie sich und kamen in einen großen Wald. Und wie sie lange darin herumgefahren waren und kein freies Zimmer fanden, weil alle Hotels überfüllt und alle Pensionen besetzt waren, da kamen sie an ein Haus, das war über und über bedeckt mit Empfehlungsschildern der Automobilclubs und Reisebüros.

Hans und Grete hielten ihr Auto an und fragten das Fräulein am Eingang, ob sie ein Zimmer haben könnten. Das Fräulein erwiderte: „Ja, wir haben noch ein Doppelzimmer frei" (denn dies ist ja ein Märchen). Das Fräulein war aber kein Fräulein, sondern die Tochter des Wirtes, und sie sagte:

„Wenn Ihr hier wohnen wollt, müsst Ihr die Schuhe selber putzen und die Betten machen, denn wir haben kein Personal!"

Sie brachte Hans und Grete in eine winzige Kammer, darin standen zwei winzige Betten und zwei winzige Stühle, und an der Wand war ein winziges Waschbecken. Als Hans seine Zahnbürste dahin stellte, sagte er: „Wer hat aus meinem Zahnputzglas getrunken?", und Grete, die ihr Nachthemd aufs Bett legte, rief: „Wer hat in meinem Bettchen geschlafen?"

Das hörte der Wirt im Keller, denn die Wände waren dünn im Haus, und er sprach zu dem Gesellen:

„Lauf in die Küche, Bursche, und sag der Herrin, es sind neue Gäste gekommen, und sie möge einen Liter Wasser und ein halbes Pfund Salz in die Suppe tun, aber subito, capito?", und der Bursche lief kantapper kantapper die Treppe hinauf.

Hans und Grete saßen schon am Tisch, denn sie waren hungrig, und die Vollpension kostete pro Person 21 Mark plus Kurtaxe plus 15% Bedienung. Des Wirtes Töchterlein trug ihnen Gebackenes und Gesottenes auf, und sie griffen tüchtig zu. Aber kaum hatten sie den ersten Bissen im Mund, da fielen sie hin und waren wie tot. Die Wirtin hatte ihnen nämlich ein Rumpsteak gebraten, das war überhaupt nicht abgehangen. Als man Hans und Grete darauf in ihr Zimmer trug, schlug vom nahen Kirchturm die Glocke so laut, dass sie wieder wach wurden. So ging es die ganze Nacht.

Als der Wirt am anderen Morgen merkte, dass Hans und Grete noch einen weiteren Tag bleiben wollten, überfiel ihn ein großer Zorn. Voll Grimm nahm er die deutsche Markenbutter vom Frühstückstisch und presste sie so zusammen, dass das Wasser in großen Strömen daraus hervorschoss.

Hans aber ließ sich nicht ins Bockshorn jagen und rief: „Ich habe Touropa ertragen und Scharnow überstanden, die Riviera hab ich verkraftet und die Nordsee überlebt, da werd ich dich, du böser Wirt, auch nicht fürchten!"

Wie der Wirt diese Worte hörte, da war ihm ganz wunderlich zumute, und ahnungsvoll fragte er den Hans: „Deine Kühnheit ist mir merkwürdig vertraut, Fremder. Sag mir, wer dein Vater ist!"

Und Hans antwortete ihm: „Meinen Vater kenn ich nicht. Es heißt, er war ein tapferer Soldat und leitete eine große Kantine. Als der Krieg zu Ende war, tauschte er mich gegen ein Schwein auf dem Markte ein."

Da rief der Wirt: „Dein Vater bin ich, und das Schwein tauschte ich gegen einen Klumpen Gold, damit baute ich dieses Haus, das soll jetzt dir gehören!"

Da herzten und küssten sie sich, und die Wirtin wurde gerufen und das Töchterlein, und die hießen die beiden herzlich willkommen.

Hans und Grete aber verkauften ihren Volkswagen, denn der Wirt hatte schon zwei Mercedes, und von dem Erlös bestellten sie eine Musikbox, die kam in den Speisesaal. Dann heiratete die Tochter den Gesellen, und so sorgten sie sich alle sechs um ihre Gäste und gaben ihnen Speis und Trank und lebten davon herrlich und in Freuden. Und da sie nicht gestorben sind, so leben sie noch heute.

allgemeine Merkmale von Märchen: ______________________________

____

____

____

____

spezielle Märchen: ______________________________

____

____

____

____

→ Lösungsheft Seite 12

(2) Nenne vier Textstellen, an denen bei der Beschreibung des Hotels eine übertreibende bzw. verzerrende Darstellungsweise gewählt wird.

Textstelle 1: ______________________________

____

____

Textstelle 2: ______________________________

____

____

Textstelle 3: ______________________________

____

____

Textstelle 4: ______________________________

____

____

→ Lösungsheft Seite 12–13

(3) Leite aus deinen Arbeitsergebnissen aus Aufgabe (2) ab,

a) was der Autor mit seinem Text kritisiert:

____

____

____

____

b) wie der „Idealzustand" aussehen müsste und an welcher Textstelle dies besonders deutlich wird:

____

____

____

____

____

→ Lösungsheft Seite 13

(4) **Übung**: Lies den Text „Reparatur-Quiz" von Wolfgang Ebert und bestimme jeweils das satirische Gestaltungsmittel der angegebenen (markierten) Textstellen.

Wolfgang Ebert: Reparatur-Quiz *Szene: Autoreparaturschule*

PRÜFER „Ein Fahrer erscheint mit defektem Wagen. Was sagen Sie?"

SCHÜLER „Es ist schon Donnerstag, unser Wochenende beginnt. Er soll nächsten Monat wiederkommen."

PRÜFER „Gut. Nun kommt einer, bei dem funktioniert der Scheibenwischer nicht."

SCHÜLER „Da erneuern wir am besten gleich die ganze Scheibe."

PRÜFER „Gut. Was passiert, wenn er den Wagen nach drei Tagen holt?"

SCHÜLER „Nichts. Der Wagen ist noch nicht fertig."

PRÜFER „Warum ist er noch nicht fertig?"

SCHÜLER „Weil wir die Kupplung ausgebaut haben."

PRÜFER „Der Kunde will den Wagen woandershin bringen."

SCHÜLER „Ohne Kupplung?"

PRÜFER „Prächtig! Wann bekommt der Kunde seinen Wagen?"

SCHÜLER „Wenn die Lackierung der Vorderseite beendet ist."

PRÜFER „Kommt dieser Kunde jemals wieder?"

SCHÜLER „Muss er ja."

PRÜFER „Warum?"

SCHÜLER „Der Scheibenwischer. Er funktioniert wieder nicht."

PRÜFER „Was sagen sie ihm?"

SCHÜLER „Komisch – hat's denn geregnet?"

PRÜFER „Wie reagiert der Kunde darauf?"

SCHÜLER „Er wird unverschämt und behauptet, wir hätten den Scheibenwischer schlecht repariert."

PRÜFER „Wie reagieren Sie auf diese Beleidigung?"

SCHÜLER „Ich spiele lässig mit dem Schraubenschlüssel. Das beruhigt ihn sehr. Er bekommt den Scheibenwischer repariert – für denselben Preis natürlich."

PRÜFER „Ein anderer Fahrer klagt über ein Klopfen im Motor."

SCHÜLER „Ich tippe auf schweren Getriebeschaden."

PRÜFER „Er sagt, der Wagen käme gerade aus der Inspektion."

SCHÜLER „Ich kann das nicht glauben."

PRÜFER „Sie erfahren, die Inspektion fand bei Ihnen statt."

SCHÜLER „Ich frage ihn, wie er das so schnell geschafft hat. Dann öffne ich die Motorhaube."

PRÜFER „Das Getriebe ist in Ordnung?"

SCHÜLER „Natürlich. Das baue ich aus und … und …"

PRÜFER „Zerbrechen bei dieser Gelegenheit die Ölpumpe …"

SCHÜLER „Genau!"

PRÜFER „Was kostet den Kunden der ganze Spaß?"

SCHÜLER „437 Mark. Davon 234,50 Mark für Arbeitszeit."

PRÜFER „Wie lang war die?"

SCHÜLER „Zwei Stunden. Für zehn Mann."

PRÜFER „Können Sie ihm noch eine zusätzliche Freude machen?"

SCHÜLER „Ich kann ihm einen neuen Satz Zündkerzen einsetzen."

PRÜFER „Welchen Fehler dürfen Sie dabei niemals machen?"

SCHÜLER „Tatsächlich neue Zündkerzen einzusetzen – statt die alten ein bisschen blank zu putzen."

PRÜFER „Bestanden! Sie werden es in dieser Branche weit bringen."

a) Es ist schon Donnerstag, unser Wochenende beginnt (Z. 2):

____

____

b) Ich spiele lässig mit dem Schraubenschlüssel. Das beruhigt ihn sehr (Z. 24):

____

____

c) SCHÜLER „Natürlich. Das baue ich aus und … und …“ – PRÜFER „Zerbrechen bei dieser Gelegenheit die Ölpumpe …“ – SCHÜLER „Genau!“ (Z. 33 ff.):

____

____

d) Können Sie ihm noch eine zusätzliche Freude machen? (Z. 40):

____

____

→ Lösungsheft Seite 13

(5) **Übung**: Fasse zusammen, was im Text „Reparatur-Quiz“ kritisiert wird.

____

____

____

____

____

____

→ Lösungsheft Seite 13

8.2 Gespräche analysieren

Witz 1: Ein Betrunkener liegt wie tot im Rinnstein. Ein Passant beugt sich über ihn und meint: „Soll ich einen Arzt holen?“ Keine Antwort. „Oder lieber die Polizei?“ Der Mann rührt sich nicht. „Oder lieber einen Priester mit der letzten Ölung?“ Da richtet sich der Mann langsam auf und stöhnt: „Um Himmels willen, jetzt bloß nichts Fettes.“

Sprachliche Äußerungen haben in aller Regel vier **Mitteilungsebenen** (Beispiel Witz 1: „Soll ich einen Arzt holen?“), wobei meist eine Ebene die Äußerung dominiert.

- **Sachebene**: Der Passant möchte von dem Mann wissen, ob er einen Arzt holen soll (erwartete Antwort: „Nein danke, ich brauche keinen Arzt!“ oder „Ja bitte, ich brauche einen Arzt!“).
- **Selbstausdrucksebene**: Der Passant teilt dem Mann mit, dass er hilfsbereit und ein netter Mensch ist (mögliche Antwort: „Das ist nett von Ihnen, dass Sie mir helfen wollen!“).
- **Appellebene**: Der Passant möchte, dass der Mann aufsteht oder zumindest ein Lebenszeichen gibt (mögliche Antwort: „Es geht schon wieder, ich gehe jetzt nach Hause.“).

- **Beziehungsebene**: Die Beziehung wird in diesem Beispiel durch den Tonfall bestimmt: Der Passant könnte zum Beispiel Anteilnahme, Mitgefühl oder auch Missbilligung ausdrücken (mögliche Antwort: „Kümmern Sie sich um Ihren eigenen Mist!“).

Die Analyse der verschiedenen Mitteilungsebenen einer sprachlichen Äußerung kann dir manchmal helfen, den Verlauf eines Gesprächs besser zu verstehen bzw. Missverständnisse aufzuklären (wenn zum Beispiel eine Äußerung, die eigentlich auf die Sachebene bezogen war, auf der Beziehungsebene verstanden wird.).

(1) **Übung**: Beschreibe, was die Äußerung: „Glauben Sie, dass mir das Wiener Schnitzel besser schmeckt, wenn Sie es mit Ihren Fingern auf den Teller drücken?“ auf den verschiedenen Mitteilungsebenen aussagt.

Witz 2:

a) Sachebene: ______________________________

____

____

b) Selbstausdrucksebene: ______________________________

____

____

c) Appellebene: ______________________________

____

____

d) Beziehungsebene: ______________________________

____

____

→ Lösungsheft Seite 13

(2) **Übung**: Erläutere, inwiefern Witz 2 auf einem Missverständnis der Mitteilungsebene beruht.

____

____

____

→ Lösungsheft Seite 13

Folgende Aspekte können bei der **Untersuchung eines Gesprächs** grundsätzlich relevant sein:

- **Kommunikations-/Gesprächssituation**:
  - Zahl der am Gespräch beteiligten Personen und deren Beziehung zueinander (gleichberechtigte Partner vs. hierarchisierte Gesprächsstruktur, z. B. Schüler – Schüler vs. Lehrer – Schüler, Vater – Mutter vs. Mutter – Kind)
  - Grad der Vertrautheit bzw. Öffentlichkeit, Kontaktmedium (face-to-face, face-to-face vor Publikum, telefonisch usw.)
  - Grad der Standardisierung (hohe Standardisierung z. B. bei einer Wegauskunft)
  - typische Gesprächssituationen (z. B. Small-Talk, Verkaufsgespräch)
  - Ort und Zeit des Gesprächs
- **Gesprächsstruktur**:
  - Makrostruktur: Gestaltung der Gesprächseröffnung und -beendigung, Gesprächsziele (Intention der Sprecher), Gesprächsverlauf, thematische Entfaltung, Redeanteile
  - Mikrostruktur: Sprachhandlungen, Organisation des Sprecherwechsels (Sprecherwechsel nach Pause, Unterbrechung, Satzvollendung usw.), Hörerrückmeldungen, nonverbaler Bereich (Gestik, Mimik, Körperhaltung, Bewegungen, Blickrichtung usw.), paraverbaler Bereich (das sind alle Mittel, mit denen ein Sprecher seine Äußerung gestaltet: Pausen, Lautstärke, Geschwindigkeit, Tonhöhe, Stimmfärbung usw.)

Aus der spezifischen Ausprägung der Gesprächsmerkmale bzw. den Abweichungen von den erwartbaren Merkmalen lassen sich dabei Rückschlüsse auf die Beziehung der Gesprächspartner sowie deren Gesprächsabsichten ziehen.

(3) Beschreibe mithilfe des Merkekastens allgemein und möglichst genau (Gesprächssituation und -struktur), wie

a) die Kommunikation zwischen Gast und Ober normalerweise abläuft: ______________________

____

____

____

____

____

____

____

b) ein Prüfungsgespräch normalerweise abläuft: ______________________________

____

____

____

____

____

____

____

____

→ Lösungsheft Seite 13

(4) Lies noch einmal den Text „Reparatur-Quiz" von Wolfgang Ebert auf Seite 104. Beschreibe, inwieweit dieses Gespräch von einem typischen Prüfungsgespräch abweicht. Berücksichtige dabei auch den Gesprächsinhalt.

→ Lösungsheft Seite 13

Wenn du eine **schriftliche Gesprächsanalyse** verfassen möchtest, solltest du in deiner Arbeit folgende Gliederungspunkte berücksichtigen:

- **Einleitung**: kurze Beschreibung der Gesprächssituation sowie Nennen des Gesprächsthemas; dabei solltest du eine Überleitung zum Hauptteil formulieren und kannst ggf. bereits auf deine Bewertung/Interpretation des Gesprächs eingehen
- **Hauptteil**:
  - Wiedergabe des Gesprächsinhalts bzw. -verlaufs
  - Analyse der Gesprächsstruktur
  - Darstellung der Intention der Gesprächsbeteiligen
  - Untersuchung zentraler Gesprächstellen (d.h. von Gesprächsstellen, die für Missverständnisse sorgen, sprachlich auffällig sind, eine besondere Wirkung haben usw.)
  - begründete Bewertung/Interpretation des Gesprächs
- **Schlussteil:** z.B. zusammenfassende Bewertung des Gesprächs (z.B. mit Blick auf besondere Gesprächsmerkmale, die Intention der am Gespräch Beteiligten, die Gesprächssorte oder -situation), Einordnung des Gesprächs in größere Zusammenhänge, Vorschläge zur Verbesserung des Gesprächsverhaltens einzelner Beteiligter

Wichtig ist, dass sich durch deine Arbeit ein roter Faden zieht und sich insbesondere eine Anbindung zwischen der Einleitung und dem Schlussteil ergibt.

(5) **Übung**: Verfasse eine schriftliche Analyse des Prüfungsgesprächs im Text „Reparatur-Quiz" von Wolfgang Ebert auf Seite 104. Arbeite im Heft.

8.3 Reden analysieren

Wenn du eine **Rede analysieren** möchtest, solltest du folgende Gesichtspunkte berücksichtigen:

- **Redesituation**: allgemeine Bestimmung (Wer spricht wann, wo, zu wem und warum?); wichtig ist eine ausführlichere Beschreibung der Redesituation natürlich vor allem dann, wenn die Situation irgendwie ungewöhnlich ist

- **Redeinhalt**: Thema der Rede, Hauptaussagen des Redners
- **Redestrategie**: Argumentationsgang im Einzelnen; Wahl der rhetorischen Mittel; Stil der Rede; Wirkung, die durch die Rede bei den Zuhörern erzielt wird.
  Grundsätzlich kann man dabei zwischen **kämpferischen Redestrategien** (z. B. durch Aufwertung der Wir-Gruppe, Abwertung der Gegner, Polarisierung durch Freund- und Feindbilder, Verdächtigung, Verharmlosung, Emotionalisierung, Diffamierung, Umdeutung und Verzerrung anderer Positionen, Drohung, Kampfansage, Schuldzuweisung) und **offenen Redestrategien** (z. B. durch Information, Kritik und Selbstkritik, Offenlegung von Maßstäben und Zielen, rationale Argumentation, Beruhigung, Lob, Ermutigung, Rat, Dank, Brückenbauen, Konsensfindung, Angebot, Vermittlung, Mahnung) unterscheiden.

Aus der Untersuchung der genannten Aspekte ergibt sich in der Regel die **Intention** des Redners, d. h. die von ihm durch die Rede beabsichtigte Wirkung (**Achtung**: Die beabsichtigte und die tatsächliche erzielte Wirkung müssen nicht immer übereinstimmen.).

(1) Lies die (satirische) Rede und bestimme, welche kämpferischen bzw. offenen Redestrategien im Einzelnen (also z. B. Information, Angebot, Konsensfindung usw.) an den zitierten Stellen jeweils eingesetzt werden. **Achtung:** Manchmal sind auch mehrere Zuordnungen möglich.

Loriot: Die Nudelkrise

◂ Dieser Text ist in alter Rechtschreibung verfasst.

Im Rahmen der EWG-Verhandlungen haben sich auf dem Gebiet der Teigwarenproduktion zwischen Deutschland und Frankreich schwerwiegende Differenzen ergeben. Um einem endgültigen Scheitern der Gespräche zuvorzukommen, hat vor drei Tagen eine erregte Bundestagsdebatte stattgefunden. Herr Ministerialdirigent Dr. Walter Klöbitz vom Bundeswirtschaftsministerium erörterte die Frage „Gefährdet die deutsche Nudel den Zusammenhalt der Europäischen Wirtschaftsgemeinschaft?"

Herr Präsident, meine verehrten Damen und Herren, die deutsche Nudel *(Beifall)* … die deutsche Nudel ist in den Mittelpunkt des Weltinteresses gerückt, seit die Bundesrepublik mehr Rohnudelmasse vernudelt als England und Frankreich zusammen. In der bevorstehenden Ministerratssitzung der Europäischen Wirtschaftsgemeinschaft muß sich die qualitative Überlegenheit der deutschen Breitbandnudel erweisen, oder wir gehen einer Nudelkrise unvorstellbaren Ausmaßes entgegen *(Beifall)*.

In diesem Zusammenhang bringe ich mein Bedauern über eine Pressemeldung zum Ausdruck. Ich habe in meinen letzten Gesprächen mit dem französischen Staatspräsidenten nichts geäußert von einem breiten Angebot an unzureichen Nudeln, sondern von einem unzureichenden Angebot an breiten Nudeln.

Es ist beschämend, daß gerade die linksintellektuelle studentische Jugend an der Nudelfrage völlig vorbeidiskutiert. Weiß man denn in Kommunardenkreisen[1] überhaupt, welche entscheidende Rolle die Krausbandnudel im politischen Bewußtsein des deutschen Volkes spielt? Das linksintellektuelle Unbehagen an der stürmischen Entwicklung der deutschen Teigwarenindustrie *(Beifall)* kann uns nicht hindern, in der Arbeit fortzufahren, unbeirrt, nüchtern und nudelbewußt.

In diesen Tagen wird sich wohl entscheiden, ob die Koalition an der Nudel zerbricht, oder ob sich neue gemeinsame Impulse an ihr entzünden. Ich kenne keine linke und keine rechte Nudel – *(Beifall)* es gibt nur eine – deutsche – Nudel! *(anhaltender Beifall)*

[1] Kommunarde: früher für „Mitglied einer Wohngemeinschaft"

a) die deutsche Nudel ist in den Mittelpunkt des Weltinteresses gerückt/ die qualitative Überlegenheit der deutschen Breitbandnudel:

b) oder wir gehen einer Nudelkrise unvorstellbaren Ausmaßes entgegen:

c) Es ist beschämend, dass gerade die linksintellektuelle studentische Jugend …:

d) Das linksintellektuelle Unbehagen an der stürmischen Entwicklung der deutschen Teigwarenindustrie …:

→ Lösungsheft Seite 13

(2) **Übung**: Erläutere, welche Intentionen der Redner Walter Klöbitz verfolgt und welche Wirkung er damit erzielt (jeweils unter der Voraussetzung, die Rede wäre keine satirische Fiktion).

→ Lösungsheft Seite 13

(3) **Übung**: Die Satire „Die Nudelkrise" von Loriot parodiert politische Parlamentsreden. Welche inhaltlichen und formalen Gesichtspunkte der Redeform „politische Parlamentsrede" greift Loriot dabei auf? Nenne diese Gesichtspunkte und belege sie am Text. Arbeite im Heft.

→ Lösungsheft Seite 13–14

(4) **Übung**: Benenne – abgesehen von der Parodie – die weiteren satirischen Mittel, derer sich Loriot bedient und belege sie am Text. Arbeite mit Randnotizen.

Wenn du eine **schriftliche Redeanalyse** verfassen möchtest, solltest du in deiner Arbeit folgende Gliederungspunkte berücksichtigen:

- **Einleitung**: Beschreibung der Redesituation, der Redeform (z. B. politische Rede, Abiturrede, Gedenkrede usw.) sowie Nennen des Themas. Dabei solltest du eine Überleitung zum Hauptteil formulieren und kannst ggf. bereits auf deine Bewertung/Interpretation der Rede eingehen.
- **Hauptteil**:
  - inhaltliche Zusammenfassung der Rede
  - Aufbau der Rede (z. B. durch Sinn- bzw. thematische Abschnitte, die Argumentationstruktur, Wechsel der Redestrategien)
  - Untersuchung zentraler Redestellen (d. h. von Stellen, die sprachlich auffällig sind, eine besondere Wirkung haben, sich direkt z. B. durch Appelle an die Zuhörer wenden usw.)
  - begründete Darstellung der Intention des Redners
  - begründete Bewertung/Interpretation der Rede
- **Schlussteil**, z. B. zusammenfassende Bewertung der Rede (z. B. mit Blick auf besondere Redestrategien, die Intention des Redners, den Redeanlass), Einordnung der Rede in größere Zusammenhänge, Bewertung der erzieltenWirkung der Rede.

Wichtig ist, dass sich durch deine Arbeit ein roter Faden zieht und sich insbesondere eine Anbindung zwischen der Einleitung und dem Schlussteil ergibt.

(5) **Übung**: Verfasse eine Redeanalyse der Rede von Walter Klöbitz. Berücksichtige dabei, dass es sich um einen satirischen Text handelt. Arbeite im Heft.

9 Grammatik und Stil

9.1 Die sprachliche Gestaltung eines Textes mithilfe grammatischer Begriffe beschreiben

Um die **Sprache eines** (literarischen) **Textes** zu **untersuchen**, beschreibt man am besten zunächst Auffälligkeiten auf der Wort- und Satzebene.
Auf der **Wortebene** lassen sich folgende Fragen stellen:
- Werden bestimmte Wortarten (vor allem Nomen und Adjektive) besonders häufig verwendet?
- Gibt es auffällige Verbformen (Partizipien, Konjunktiv, Imperativ, Passiv, Tempuswechsel)?
- Lässt sich der Wortschatz bestimmten Bedeutungsbereichen zuordnen (Wortfamilien, Wortfelder, Bildbereiche)?
- Gibt es außergewöhnliche Wortbeziehungen (Wortwiederholungen, Synonyme, Antonyme, Ober- bzw. Unterbegriffe)?
- Ist die Wortwahl charakteristisch für eine bestimmte Sprachvarietät (Fachsprache, Alltagsprache, Jugendsprache, Dialekte, Werbesprache usw.)?
- Welche anderen Besonderheiten gibt es (Neologismen, häufige Nominaliserungen, viele Komposita, typische Wortbildungsmuster, Sprachspiele usw.)?

Auf der **Satzebene** lassen sich folgende Fragen stellen:
- Ist der Satzbau eher komplex (und lang) oder eher reihend (und kurz)?
- Gibt es besonders viele Attribute und/oder Adverbiale?
- Ist die Anordnung der Satzglieder und Nebensätze ungewöhnlich?
- Gibt es auffällige rhetorische Figuren (Inversion, Parallelismus oder Ellipse usw.)?

Stelle dir dabei sowohl auf der Wort- als auch auf der Satzebene immer die Frage, welche Funktion die sprachlichen Mittel haben bzw. haben könnten (z. B. Warum werden viele Adjektive verwendet? Sind diese Adjektive wertend oder beschreibend?).

(1) Lies zunächst den Text. Beschreibe anschließend, was an den aufgeführten Wörtern im Textzusammenhang auffällig ist.

Robert Walser: Die Geschichte vom verlorenen Sohn – Teil 1

Wenn ein Landedelmann nicht zwei Söhne gehabt hätte, die glücklicherweise vollständig voneinander abstachen, so würde eine lehrreiche Geschichte unmöglich haben zustande kommen können, nämlich die Geschichte vom verlornen Sohn, die mitteilt, dass der eine von den beiden verschiedenartigen Söhnen sich durch Leichtlebigkeit auszeichnete, während der andere durch denkbar soliden Lebenswandel hervorragte.

Wo der eine frühzeitig sozusagen die Offensive ergriff und in die Welt hinausmarschierte, blieb der andere säuberlich daheim und verharrte mithin so zäh wie möglich gewissermaßen im Zustand abwartender Verteidigung. Wo wieder Ersterer gleichsam im Ausland herumvagabundierte, lungerte wieder Letzterer scheinbar höchst ehrbar gleichsam ums Haus herum.

Während der Erste artig ausriss und hübsch eilig auf und davonrannte, hielt sich der Zweite beständig erstaunlich brav an Ort und Stelle auf und erfüllte mit unglaublicher Regelmäßigkeit seine täglichen Obliegenheiten. Während wieder der eine weiter nichts Besseres zu tun hatte, als abzudampfen und fortzugondeln, wusste leider wieder der andere weiter nichts Gescheiteres anzufangen, als mitunter vor lauter Tüchtigkeit, Ordentlichkeit, Artigkeit und Nützlichkeit schier umzukommen.

Als der entlaufene oder verlorene Sohn, dem die Geschichte ihren Titel verdankt, nach und nach merkte, dass es mit seinen Aktien in der Tat verhältnismäßig recht, sehr übel stehe, trat er den Rückzug an, was zweifellos ziemlich vernünftig von ihm war. Der Daheimgebliebene würde auch ganz gerne einmal einen Rückzug angetreten haben, das Vergnügen war ihm aber durchaus nicht gegönnt, und zwar ganz einfach vermutlich deshalb nicht, weil er nicht fortgegangen war, wie bereits bekannt ist.

Wenn vermutet werden darf, der Fortgelaufene habe das Fortlaufen ernstlich bereut, so wird nicht weniger vermutet oder angenommen werden dürfen, dass der Daheimgebliebene sein Daheimbleiben tiefer bereute, als er dachte. Wenn der verlorene Sohn innig wünschte, dass er lieber nie verloren gegangen wäre, so wünschte seinerseits der andere, nämlich der, der niemals weggegangen war, durchaus nicht weniger innig oder vielleicht noch inniger, dass er doch lieber nicht beständig zu Hause geblieben, sondern lieber tüchtig fortgelaufen und verloren gegangen wäre, oder er sich auch ganz gerne einmal gehörig würde haben heimfinden wollen. [...]

a) glücklicherweise (Z. 1) – sozusagen (Z. 6) – gewissermaßen (Z. 8) – gleichsam (Z. 8 + 9 f.) – scheinbar (Z. 9)

Beschreibung: ______________________________

____

b) der eine (Z. 3 f. + 6) – der andere (Z. 5 + 7) – Offensive (Z. 6) – Verteidigung (Z. 8) – Ersterer (Z. 8) – Letzterer (Z. 9) – Ausland (Z. 9) – Haus (Z. 10)

Beschreibung: ______________________________

____

c) hinaus marschierte (Z. 6 f.) – herumvagabundierte (Z. 9)

Beschreibung: ______________________________

____

d) verharrte (Z. 7) – abwartender (Z. 8) – lungerte ... herum (Z. 9 f.)

Beschreibung: ______________________________

____

→ Lösungsheft Seite 14

(2) Ergänze die Wortlisten a)–d) aus dem Text (Zeile 11–30) um weitere Beispiele.

Gruppe a)	
Gruppe b)	
Gruppe c)	
Gruppe d)	

→ Lösungsheft Seite 14

③ **Übung**: Stelle die Fragen der Wortebene an Teil 1 des Textes „Der verlorene Sohn“ und nenne weitere auffällige grammatische Mittel der Wortebene. Belege deine Einschätzung jeweils durch Beispiele.

____

____

____

____

____

→ Lösungsheft Seite 14

④ **Übung**: Lies den zweiten Teil der Erzählung. Nenne auffällige grammatische Mittel der Satzebene. Belege deine Einschätzung jeweils durch Beispiele.

Robert Walser: Die Geschichte vom verlorenen Sohn – Teil 2

Da der verlorene Sohn, nachdem er längst verloren geglaubt worden war, Abbild vollkommener Herabgekommenheit, zerlumpt und abgezehrt, eines Abends plötzlich frisch wieder auftauchte, stand gewissermaßen Totes wieder lebendig auf, weshalb ihm alle Liebe naturgemäß wie wild entgegenstürzte.

Der wackere Zuhausegebliebene hätte auch ganz gern einmal tüchtig tot und hernach wieder tüchtig lebendig sein mögen, um erleben zu dürfen, dass ihm alle Liebe naturgemäß wie wild entgegenkäme.

Die Freude über das unerwartete Wiederfinden und das Entzücken über ein so schönes und ernstes Ereignis zündeten und loderten hell und hoch wie eine Feuersbrunst im Haus herum, dessen Bewohner, Knechte, Mägde sich fast wie in den Himmel gehoben fühlten. Der Heimgekehrte lag der Länge nach am Boden, von wo ihn der Vater aufgehoben haben würde, wenn er die Kraft dazu gehabt hätte. Der alte Mann weinte so sehr und war so schwach, dass man ihn stützen musste. Selige Tränen. In allen Augen war ein Schimmer, in allen Stimmen ein Zittern. Von so mannigfaltigem Anteil, so aufrichtig liebendem Verstehen und Verzeihen umflossen, musste der Fehlbare beinahe wie heilig erklärt erscheinen. Schuldig sein hieß zu solch schöner Stunde nichts anderes als liebenswürdig sein. Alles redete, lächelte, winkte hier und dort dicht durcheinander, derart, dass nur glückliche, zugleich aber auch nur feuchte Augen zu sehen und nur gutherzige, zugleich aber auch nur ernste Worte zu hören sein konnten. Bei der fröhlichen Begebenheit blieb nicht das mindeste unbeleuchtet, da bis in das Hinterste geringer schwacher Abglanz vom allgemeinen Glanze und kleine Lichter vom großen Lichte drangen.

Irgendwelchem Zweifel kann kaum unterliegen, dass ein gewisser anderer auch ganz gern einmal Gegenstand so großer Freude gewesen wäre: Der sich sein Lebtag nie etwas hatte zuschulden kommen lassen, würde auch ganz gern ausnahmsweise einmal schuldig gewesen sein. Der immer einen anständigen Rock getragen hatte, würde auch ganz gern einmal recht zerlumpt und abgerissen ausgesehen haben. Sehr wahrscheinlich würde er auch ganz gern einmal der Länge nach in Mitleid erregenden Fetzen am Boden gelegen sein, von wo ihn der Vater würde haben aufheben wollen. Der nie Fehler begangen hatte, würde vielleicht auch ganz gern einmal armer Sünder gewesen sein. Unter so holden Umständen verlorner Sohn zu sein, war ja geradezu ein Genuss, doch der Genuss blieb ihm ein für alle Mal versagt. […]

→ Lösungsheft Seite 14

■■■ Um ein **komplexes Satzgefüge** zu **verstehen**, ist manchmal eine genauere Untersuchung notwendig. Hierbei solltest du dir zunächst klarmachen, ob und wie die verschiedenen (Neben-)Sätze eingeleitet werden und welches Prädikat zum jeweiligen Einleitungswort gehört. Auf diese Weise wird zugleich deutlich, welcher Teil des Gefüges der Hauptsatz ist. Überprüfe bei Appositionen, welches Satzglied sie genauer bestimmen. Um eine bessere Übersicht zu erlangen, kannst du den Satz in Teilsätze zerlegen (vgl. Z. 31–34):

Da *der verlorene Sohn,* → Anfang Nebensatz 1 (kausaler Adverbialsatz)
nachdem *er längst verloren geglaubt worden* war, → Nebensatz 2 (temporaler Adverbialsatz)
Abbild vollkommener Herabgekommenheit, → Apposition zu „der verlorene Sohn"
zerlumpt und abgezehrt, → Apposition zu „Herabgekommenheit"
eines Abends plötzlich frisch wieder auftauchte, → Ende Nebensatz 1
stand *gewissermaßen Totes wieder lebendig* auf, → Hauptsatz
weshalb *ihm alle Liebe naturgemäß wie wild* entgegenstürzte. → Nebensatz 3 (konsekutiver Adverbialsatz) ▌

(5) **Übung**: Untersuche die beiden Satzgefüge (vgl. Z. 38–42) genauer und benenne die einzelnen Satzteile (Haupt- und Nebensätze, Infinitivgruppen, Appositionen). Gib bei den Nebensätzen an, welche grammatische Funktion sie haben. Arbeite im Heft.

Die Freude über das unerwartete Wiederfinden und das Entzücken über ein so schönes und ernstes Ereignis zündeten und loderten hell und hoch wie eine Feuersbrunst im Haus herum, dessen Bewohner, Knechte, Mägde sich fast wie in den Himmel gehoben fühlten. Der Heimgekehrte lag der Länge nach am Boden, von wo ihn der Vater aufgehoben haben würde, wenn er die Kraft dazu gehabt hätte.

→ Lösungsheft Seite 14

9.2 Stilvarianten unterscheiden

■■■ Aus der Analyse der Grammatik eines Textes lassen sich oft bereits Stilvarianten ableiten. Man unterscheidet unter anderem den

- **parataktischen** (= beiordnend: häufige Verwendung von Satzreihen) und **hypotaktischen** (= unterordnend: häufige Verwendung von komplexen Satzgefügen) **Stil**
- **metaphorischen Stil**, d.h. es wird eine attributreiche und bildhafte bzw. anschauliche (Vergleiche, Metaphern) Sprache verwendet (Gegensatz: **sachlicher** oder **begrifflicher Stil**, d.h. die Sprache ist nicht beschreibend, sondern streng sachbezogen und informierend).

- **Nominalstil**, der durch die Verwendung von Nominalisierungen, Komposita, erweiterten bzw. mehrgradigen Attributen, die häufige Verwendung von Abstrakta und Passivkonstruktionen gekennzeichnet ist.

Achtung: Nicht alle Stilvarianten schließen sich untereinander aus, so kann ein Text z. B. im Nominal- oder sachlichen Stil und auch gleichzeitig im hypotaktischen Stil verfasst sein.

(1) **Übung**: Beschreibe den Text „Die Geschichte vom verlorenen Sohn“ von Robert Walser (Seite 111 f., 113) mithilfe der Stilvarianten. Belege deine Einschätzung jeweils durch einen Verweis auf den Text.

→ Lösungsheft Seite 14

9.3 Stilmittel bestimmen

(1) **Übung**: Ordne jeweils die Beispiele aus dem Text „Die Geschichte vom verlorenen Sohn“ von Robert Walser den passenden Erklärungen zu.

a) hell und hoch wie eine Feuersbrunst – Die Freude … und das Entzücken zündeten und loderten

sprachliches Bild	Erklärung	Beispiele
Metapher	von griech. *metaphorein* „übertragen“: Verbindung zweier Bedeutungsbereiche	
Vergleich	verknüpft zwei Bedeutungsbereiche durch eine gemeinsame Eigenschaft	

b) eine offenbar wenig empfehlenswerte Rolle – Verdrießlichkeit (statt „Wut, Zorn“) – vor lauter Tüchtigkeit, Ordentlichkeit, Artigkeit und Nützlichkeit schier umzukommen

Wortfiguren	Erklärung	Beispiele
Hyperbel	Übertreibung, Steigerung des Ausdrucks	
Litotes	Untertreibung	
Euphemismus	beschönigende Beschreibung	

c) Wo wieder Ersterer … herumvagabundierte, lungerte wieder Letzterer … herum. – In allen Augen war ein Schimmer, in allen Stimmen ein Zittern. – Selige Tränen. – Alles redete, lächelte, winkte hier und dort

Satzfiguren	Erklärung	Beispiele
Ellipse	Auslassung des Unwichtigen, zugleich ein grammatisch unvollständiger Satz	
Chiasmus	Überkreuzstellung von Sinneinheiten	
Parallelismus	Wiederholung gleicher Satzbaumuster	
Klimax	dreigliedrige Steigerung	

d) Inmitten … blieb niemand missvergnügt und übelgelaunt als doch hoffentlich nicht er? – Selige Tränen.

Gedankenfiguren	Erklärung	Beispiele
rhetorische Frage	Frage, die auf keine Antwort zielt bzw. bei der die Antwort bekannt ist	
Oxymoron	Verbindung von zwei sich widersprechenden Begriffen	

e) und dort dicht durcheinander – Der sich sein Lebtag nie etwas hatte zuschulden kommen lassen, … Der immer einen anständigen Rock getragen hatte, … Der nie Fehler begangen hatte, …

Klangfiguren	Erklärung	Beispiele
Alliteration	Wiederholung des Anfangslautes	
Anapher	Wiederholung eines Wortes oder einer Wortgruppe am Vers- oder Satzanfang	

→ Lösungsheft Seite 14

9.4 Einen Zusammenhang zwischen der sprachlichen Gestaltung und dem Inhalt eines Textes herstellen

(1) Lies den dritten Teil der Erzählung vom „verlorenen Sohn" und fasse den Inhalt der ganzen Geschichte in wenigen Sätze zusammen. Stelle anschließend dar, wie der Erzähler im dritten Teil die Geschichte bewertet.

Robert Walser: Die Geschichte vom verlorenen Sohn – Teil 3

Inmitten allseitiger Zufriedenheit und Vergnügtheit blieb niemand missvergnügt und übelgelaunt als doch hoffentlich nicht er? Jawohl! Inmitten gemeinschaftlicher Fröhlichkeit und Geneigtheit blieb niemand ungefreut und abgeneigt als doch hoffentlich nicht er? Jawohl!

Was aus den übrigen Personen geworden ist, weiß ich nicht. Sehr wahrscheinlich sind sie sanft gestorben. Der wunderliche Unzufriedene hingegen lebt noch. Neulich war er nämlich bei mir, um sich mir murmelnd und brummelnd als ein Mensch vorzustellen, der verlegen sei, weil er mit der Geschichte vom verlornen Sohn zusammenhänge, von welcher er auf das Lebhafteste wünschen müsse, dass sie lieber nie geschrieben worden wäre. Auf die Frage, die ich an ihn richtete, wie man dies zu verstehen habe, antwortete er, dass er jener Daheimgebliebene sei.

Ich wunderte mich über des sonderbaren Kauzes Unbehagen keine Sekunde lang. Für seine Verdrießlichkeit besaß ich uneingeschränktes Verständnis. Dass die Geschichte vom verlornen Sohn, worin er eine wenig empfehlenswerte Rolle spielte, eine angenehme und erbauliche Geschichte wäre, hielt ich für unmöglich. Vielmehr war ich in jeder Hinsicht vom Gegenteil überzeugt.

→ Lösungsheft Seite 14–15

Um einen **Zusammenhang zwischen dem Inhalt und der sprachlichen Gestaltung eines Textes herzustellen**, gibt es grundsätzlich zwei Möglichkeiten: Entweder fragst du dich bei auffälligen sprachlichen Mitteln, welche Funktion sie für den ganzen Text und seine Aussageabsicht bzw. Wirkung haben oder du suchst ausgehend von einer Deutungshypothese nach sprachlichen Auffälligkeiten im Text, die diese Hypothese stützen können. Bei der Arbeit an einem bestimmten Text kommt es dabei oft zu einer Verschränkung dieser beiden grundsätzlichen Möglichkeiten.
Wichtig für den Inhalt eines Textes sind häufig:

- sprachliche Merkmale bzw. Eigenheiten, die sich im ganzen Text zeigen bzw. den ganzen Text prägen
- zentrale Textstellen, die sowohl für den Inhalt wichtig als auch sprachlich besonders markiert sind (z. B. durch zentrale Metaphern, Antithesen, Stil- oder Perspektivenwechsel oder andere Zäsuren).

(2) Untersuche, welche Funktion die Verwendung der zahlreichen Antonyme bzw. der antonymen Wortfelder (vgl. 9.1, Aufgabe (1), (2)) hat.

→ Lösungsheft Seite 15

(3) **Übung**: Erschließe weitere sprachliche Merkmale, durch die die negative Einschätzung des Erzählers über den angeblichen Wert der Geschichte vom „verlorenen Sohn" gestützt werden.

→ Lösungsheft Seite 15

9.5 Die Sprache eines Textes schriftlich analysieren

Eine **schriftliche Sprachanalyse** umfasst drei Textteile:

- **Einleitung**: Du nennst Autor/Autorin, Titel und Textsorte (und ggf. das Entstehungsjahr des Textes) und fasst den Inhalt kurz zusammen.
- **Hauptteil**: Du schilderst in geordneter Folge deine Einzelbeobachtungen zur Sprache des Textes und ihrer Funktion bzw. Wirkung. Eine Ordnung kannst du dabei auf folgende Weise herstellen: Entweder du orientierst dich an der Abfolge der sprachlichen Besonderheiten im Text (d.h. du beschreibst nacheinander, welche Mittel eingesetzt werden bzw. auffällig sind und deutest sie) oder du beginnst deine Darstellung mit den wichtigsten bzw. auffälligsten sprachlichen Mitteln und nennst anschließend weitere, durch die deine Bewertung der wichtigsten Mittel gestützt wird. Deutlich machen solltest du hierbei, wie die sprachlichen Besonderheiten den Inhalt stützen und wie deine inhaltliche Deutung des Textes aussieht.
- **Schluss**: Du kannst deine Analyseergebnisse zusammenfassen oder die Schreibweise des Textes bzw. das Zusammenspiel zwischen Gestaltung und Inhalt bewerten.

Wichtig: Achte darauf, dass du alle deine Behauptungen durch Zitate bzw. Beispiele aus dem Text stützt!

(1) **Übung**: Verfasse eine schriftliche Analyse des Textes „Die Geschichte vom verlorenen Sohn" von Robert Walser. Arbeite im Heft.

10 Rechtschreibung

10.1 Rechtschreibproben

Bei der Überprüfung der Stammschreibung bzw. der Regelhaftigkeit einiger Groß- bzw. Kleinschreibungen sowie der Zeichensetzung bei Aufzählungen können dir folgende Rechtschreibproben nützliche Dienste leisten:

- **Ableitungs- und Verlängerungsprobe**: Du leitest ein Wort ab, um durch die deutliche Aussprache die richtige Schreibung zu finden, z. B. der Tod – tot: des Todes (das stimmhafte „d" wird hörbar), ein totes Tier (das stimmlose und behauchte „t" wird hörbar).
- **Deutliches Sprechen**: Eine deutliche Aussprache kann dir in einigen weiteren Fällen weiterhelfen, z. B. wenn du nicht weißt, ob „ss" oder „ß" geschrieben werden muss (z. B. *Spaß*, das „a" ist lang).
- **Artikelprobe**: Du überprüfst bei möglichen Nominalisierungen, ob die Ergänzung eines Artikels nach deinem Sprachgefühl grundsätzlich vorstellbar ist, z. *B. Er liebt Schwimmen über alles. Er geht gerne schwimmen.* → *Er liebt (das) Schwimmen über alles. Er geht gerne ~~(das)~~ schwimmen.*
- ***und*-Probe**: Du überprüfst bei möglichen Aufzählungen, ob das Komma durch „und" nach deinem Sprachgefühl grundsätzlich zu ersetzen ist, z. B. *sie ist eine fleißige, begabte Schülerin; sie erhielt ein wichtiges amtliches Schreiben* → *sie ist eine fleißige und begabte Schülerin; sie erhielt ein wichtiges ~~und~~ amtliches Schreiben.*

(1) **Übung**: Überprüfe, ob die folgenden Schreibungen richtig sind. Begründe deine Entscheidung.

a) Er mag das gute französische Weißbrot. ______________________

____

b) Im Dienst ist Trinken verboten. ______________________

____

c) Das Maß ist voll. ______________________

____

d) Er erhielt einen guten Rat. ______________________

____

e) Im Schlussverkauf kaufte er sich eine Jeans, zwei T-Shirts, zwei Paar Socken und einen Pulli.

____

____

→ Lösungsheft Seite 15

10.2 Sonderfälle der Rechtschreibung

10.2.1 Groß- und Kleinschreibung

Wörter anderer Wortarten schreibt man groß, wenn sie als Nomen verwendet werden. **Nominalisierungen** werden oft durch **Signalwörter** (Artikelwörter: Schmelzwörter, Pronomen, unbestimmte Zahlwörter) angezeigt (z. B. *das Tanzen* und *Singen*, *den Ball ins Aus* spielen, *etwas Besonderes*)

- Sowohl groß- als auch kleingeschrieben werden können **Verbindungen aus** nur einer **Präposition und** einem **deklinierten Adjektiv** (z. B. *Sie suchten seit langem/Langem nach einer Lösung.*)
- **Verbindungen aus** nur einer **Präposition** (also keine Schmelz- oder weiteren Artikelwörter) **und nichtdeklinierten Adjektiven** werden dagegen kleingeschrieben (z. B. *Über kurz oder lang werden sie das wohl verstehen.*)

(1) Schreibe die Sätze in der richtigen Groß- und Kleinschreibung auf. Markiere bei Nominalisierungen das Signalwort und bestimme es. Beachte, dass zwischen dem Artikelwort und der Nominalisierung z. B. auch ein Adjektiv stehen kann.

a) DER UMSATZ STIEG UM DAS ZWEIFACHE.

b) SEIN LAUTES SINGEN WECKTE DIE GANZE NACHBARSCHAFT.

c) PLÖTZLICH HÖRTEN SIE EIN LEISES, ZAGHAFTES WIMMERN.

d) ER GAB SEIN GELD FÜR ALLES MÖGLICHE AUS.

e) DIESES EWIGE HIN UND HER GING IHM AUF DIE NERVEN.

→ Lösungsheft Seite 15

f) SIE BOT IHR DAS DU AN.

(2) Bilde mit den Verbindungen Beispielsätze. Markiere bei deklinierten Adjektiven die Deklinationsendung (z. B. seit langem).

von nah und fern – ohne weiteres – seit längerem – von klein auf – gegen bar – von neuem – von weitem – seit kurzem

→ Lösungsheft Seite 15

(3) **Übung**: Schreibe den Text in der richtigen Groß- und Kleinschreibung in dein Heft.

Mark Twain: Die schreckliche deutsche Sprache (Auszug 3)

Es gibt zehn wortarten, und alle sind sie schwierig. Ein durchschnittssatz in einer deutschen zeitung ist eine erhabene und ehrfurchtgebietende kuriosität; er nimmt eine viertelspalte ein; er enthält alle zehn wortarten – nicht in der gehörigen reihenfolge, sondern durcheinandergewürfelt. Er ist hauptsächlich aus zusammengesetzten wörtern gebaut, die der schreiber an ort und stelle konstruiert hat und die in keinem wörterbuch zu finden sind – sechs oder sieben in eines zusammengepresste wörter ohne naht oder saum – das heißt, ohne bindestriche. Er handelt von vierzehn oder fünfzehn verschiedenen gegenständen, jeder in einer eigenen parenthese eingeschlossen, mit zusätzlichen parenthesen hier und da, die wiederum drei oder vier unterparenthesen einschließen, so dass hürden innerhalb der hürden entstehen; schließlich werden alle parenthesen und unterparenthesen zwischen zwei überparenthesen zusammengeballt, deren eine in der ersten zeile des majestätischen satzes liegt und die andere in der mitte der letzten zeile – *und danach kommt das verb*, und man bekommt zum ersten Mal heraus, wovon der mann gesprochen hat; und nach dem verb – nur als verzierung, soweit ich es ausmachen kann – schaufelt der schreiber „*haben sind gewesen gehabt haben geworden sein*" oder worte ähnlicher bedeutung hinein, und das monument ist fertig. Ich nehme an, dass dieses abschließende hurra so etwas wie der schnörkel bei einer unterschrift ist – nicht notwendig, aber hübsch. Deutsche bücher sind ziemlich leicht zu lesen, wenn man sie vor den spiegel hält oder sich auf den kopf stellt – um den aufbau umzukehren –, aber ich glaube, eine deutsche zeitung lesen und verstehen zu lernen ist eine sache, die einem ausländer stets unmöglich bleiben muss.

[1] ad hoc = (eigens) zu diesem (Zweck); Mark Twain meint die sog. Ad-hoc-Komposita, also aus der Situation heraus neu gebildetete Zusammensetzungen

→ Lösungsheft Seite 15

④ Schreibe die Sätze in der richtigen Groß- und Kleinschreibung auf.

a) DIE VERANSTALTUNG FINDET NICHT WIE GEPLANT STATT.

____

____

b) DIE GANZE SACHE TAT IHM SCHON JETZT SEHR LEID.

____

____

c) ER KONNTE DAS LEID DER MENSCHEN NICHT LÄNGER SEHEN.

____

____

d) SIE KONNTE TATSÄCHLICH AUF DEM KOPF STEHEN.

____

____

→ Lösungsheft Seite 15

10.2.2 Getrennt- und Zusammenschreibung

Nomen + Verb

- Der Regelfall ist die Getrenntschreibung (z. B. [*ein*] *Eis essen, Hunger haben*)
- Wörter, die zwar die gleiche Form wie ein Nomen, aber keine Merkmale eines Nomens mehr haben (wie Artikel oder Deklination), werden kleingeschrieben, wenn sie in Verbindung mit den Verben *sein, bleiben* oder *werden* benutzt werden (z. B. *Ich bin die Sache leid.* Aber: *Das Leid, das aus der Sache erwächst.*).
- Ebenfalls kleingeschrieben werden die verblassten Nomen in folgenden Verbindungen: *eislaufen, kopfstehen, leidtun, nottun, standhalten, stattfinden, stattgeben, statthaben, teilhaben, teilnehmen, wundernehmen* (z. B. *Er nahm an der Veranstaltung teil.* Aber: *Sein Beitrag war Teil der Veranstaltung.*).
- In manchen Fällen ist sowohl Getrennt- als auch Zusammenschreibung möglich (z. B. *maßhalten/Maß halten*). In Zweifelsfällen informiert ein Wörterbuch über die richtige Schreibung.

Adjektiv + Verb

- Der Regelfall ist die Getrenntschreibung (z. B. *laut schreien, gut rechnen*).
- Sowohl Getrennt- als auch Zusammenschreibung ist möglich, wenn ein einfaches Adjektiv eine Eigenschaft als Ergebnis der Handlung bezeichnet (z. B. *kaputt machen/kaputtmachen, klein hacken/kleinhacken*).
- Wortverbindungen aus Adjektiv und Verb müssen zusammengeschrieben werden, wenn sie eine übertragene Bedeutung haben (z. B. *schwerfallen* = Mühe verursachen, *freisprechen* = nicht verurteilen).

(1) Welche der folgenden Verbindungen aus Adjektiv und Verb lassen sich auch zusammenschreiben? Markiere sie und bilde jeweils einen Beispielsatz.

kalt stellen – warm liegen – heiß essen – klein schneiden – lang schlafen – leer essen – glatt hobeln – gut träumen – deutlich sprechen

___

___

___

___

___

___

___

___

___

→ Lösungsheft Seite 15

(2) Erkläre die Bedeutung der folgenden Zusammensetzungen.

a) festnageln: ___

b) lockersitzen: ___

c) fertigmachen: ___

d) schwerfallen: ___

e) krankschreiben: ____________________

f) kürzertreten: ____________________

g) richtigstellen: ____________________

h) etwas übrighaben: ____________________

→ Lösungsheft Seite 15

10.2.3 Zeichensetzung

Ein **erweiterter Infinitiv mit *zu*** muss vom Satz abgetrennt werden, wenn

- er von einem Nomen abhängt (z.B. *Er hatte die Absicht, nächstes Jahr nach England zu fliegen.*)
- im übergeordneten Satz ein Korrelat steht (z.B. *Er mochte es sehr, im Sommer baden zu gehen.*)
- es im übergeordneten Satz ein Verweiswort gibt (z.B. *Sie wollten es dahin bringen, niemals mehr Schulden machen zu müssen.*).

Außerdem muss das Komma bei der Infinitivgruppe stehen, wenn sie mit *um*, (*an*)*statt*, *ohne* usw. eingeleitet wird (z.B. *Sie kam herein, ohne zu klopfen.*).

(1) Markiere in den Sätzen, in denen das Komma beim Infinitiv mit *zu* stehen muss, das Wort, von dem die Infinitivergänzung abhängt.

a) Er hatte vor, nach dem Essen noch ins Kino zu gehen.

b) Die Idee, künftig den Spargel nicht zu kochen, sondern im Ofen zu backen, kam ihm erst beim Essen.

c) Durch lange Überredung brachten sie ihn dazu, mit ihnen etwas zu unternehmen.

d) Es ist ihnen empfohlen worden, zum Essen in die Altstadt zu gehen.

→ Lösungsheft Seite 16

Bei **komplexeren Satzgefügen** solltest du dir zunächst klarmachen, ob und wie die verschiedenen (Neben-)Sätze eingeleitet werden und welches Prädikat zum jeweiligen Einleitungswort gehört. *Das Schulfest war erfolgreich, weil alle Schüler an der Vorbereitung, die mehrere Wochen dauerte, mitgewirkt hatten.*

(2) **Übung**: Setze in dem Textauszug die fehlenden Kommata.

Mark Twain: Die schreckliche deutsche Sprache (Auszug 4) –
Achtung: Fehlertext!

Die Deutschen haben noch eine Art von Parenthese die sie bilden indem sie ein Verb in zwei Teile spalten und die eine Hälfte an den Anfang eines aufregenden Absatzes stellen und die andere Hälfte an das Ende. Kann sich jemand etwas Verwirrenderes vorstellen? Diese Dinger werden „trennbare Verben" genannt. Die deutsche Grammatik ist übersät von trennbaren Verben wie von den Blasen eines Ausschlags; und je weiter die zwei Teile auseinandergezogen sind desto zufriedener ist der Urheber des Verbrechens mit seinem Werk. Ein beliebtes Verb ist „reiste ab". Hier folgt ein Beispiel das ich aus einem Roman ausgewählt und ins Englische übertragen habe:

„Da die Koffer nun bereit waren REISTE er nachdem er seine Mutter und Schwestern geküsst und noch einmal sein angebetetes Gretchen an den Busen gedrückt hatte die in schlichten weißen Musselin gekleidet mit einer einzigen Teerose in den weiten Wellen ihres üppigen braunen Haares kraftlos die Stufen herab gewankt war noch bleich von der Angst und Aufregung des vergangenen Abends aber voller Sehnsucht ihren armen schmerzenden Kopf noch einmal an die Brust dessen zu legen den sie inniger liebte als ihr Leben AB."

Es ist jedoch nicht richtig allzulange bei den trennbaren Verben zu verweilen. Ganz bestimmt verliert man dabei sehr bald die Geduld; und wenn man an dem Thema klebt und sich nicht warnen lässt wird es einem schließlich das Gehirn erweichen oder verhärten.

→ Lösungsheft Seite 16

10.3 Mit dem Wörterbuch arbeiten

Das Wörterbuch ist das wichtigste Hilfsmittel für den Bereich der Rechtschreibung. In der **alphabetischen Wörterliste** sind alle Wörter in der Reihenfolge ihrer sogenannten Grund- oder Zitierform angegeben: Im Deutschen ist das bei Nomen und Adjektiven (in der Grundform) der Nominativ Singular, bei Verben der Infinitiv Präsens.
Innerhalb der alphabetischen Wörterliste finden sich gelegentlich **Übersichtskästen** zu einzelnen Wörtern. Dies ist vor allem dann der Fall, wenn ein Wort in vielen Wendungen vorkommt, für die unterschiedliche Regelungen bei der Groß- und Kleinschreibung und/oder bei der Getrennt- und Zusammenschreibung gelten.

(1) Kläre mithilfe des Infokastens „deutsch", wie bei den aufgeführten Beispielen im Einzelfall geschrieben werden muss.

deutsch

Kleinschreibung
- die deutsche Sprache, die deutschen Flüsse
- Der Reiseleiter hat deutsch gesprochen (nicht französisch) gesprochen.

Großschreibung
mit Präposition:
- Er sagt es auf Deutsch.
- Der Brief ist in Deutsch geschrieben.
- Das heißt auf/zu Deutsch …

für „die deutsche Sprache":
- Sie spricht (gutes) Deutsch.
- Er versteht kein Wort Deutsch.
- Der Lehrer unterrichtet Deutsch.

in Eigennamen: ▶ R 2.4, R 2.9*
- das Deutsche Rote Kreuz
- die Deutsche Bahn AG
- der Tag der Deutschen Einheit (3. Oktober)

* mit „▶ R 2.4, R 2.9" wird auf den Regelteil verwiesen

aus: Fidibus, Wörterbuch Deutsch, Ernst Klett Verlag

a) die DEUTSCHE Mark: ______

b) das DEUTSCHE Recht: ______

c) das ist typisch DEUTSCH: ______

d) er lernt DEUTSCH: ______

e) der DEUTSCHE Fußball-Bund: ______

f) eine Zusammenfassung in DEUTSCH: ______

g) das DEUTSCHE Bier: ______

→ Lösungsheft Seite 16

Fast alle Wörterbücher enthalten einen **Regelteil**, in dem alle Regeln der Rechtschreibung und Zeichensetzung thematisch geordnet verzeichnet sind. Neben den Regeln selbst sind dort auch Verwendungsbeispiele angegeben.

(2) **Übung**: Entscheide mithilfe der Regelangabe, wie bei den Verben geschrieben werden kann. Berücksichtige dabei die unterschiedlichen Bedeutungen, die manche Verbpaare haben können.

► R 3.5

Regel	**Beispiele**
Zwei nebeneinanderstehende **Verben** (Tätigkeitswörter) schreibt man getrennt.	schreiben lernen, lesen üben, spazieren gehen
Bei Verbindungen von Verben (Tätigkeitswörtern) mit „bleiben“ und „lassen“ kann zusammengeschrieben werden, wenn eine übertragene (neue, nicht aus den Einzelteilen erkennbare) Bedeutung gemeint ist.	auf dem Stuhl sitzen bleiben, *aber:* in diesem Schuljahr sitzenbleiben (nicht versetzt werden) den Luftballon platzen lassen, *aber:* die Party platzenlassen (absagen)
Getrennt- oder Zusammenschreibung gilt auch für „kennen lernen/kennenlernen“.	jemanden kennen lernen, *aber:* die Person habe ich bereits kennengelernt (meine Erfahrung mit ihr gemacht)

aus: Fidibus, Wörterbuch Deutsch, Ernst Klett Verlag

a) er hat das Glas fallen/lassen: ____________________

b) er hat seinen Freund fallen/lassen: ____________________

c) die Freunde sind in der Kneipe hängen/geblieben: ____________________

d) durch den Urlaub ist viel Arbeit liegen/geblieben: ____________________

e) sie wollte ihren Freund sitzen/lassen: ____________________

f) er wollte sie nicht gehen/lassen: ____________________

g) er wollte sich nicht mehr so gehen/lassen: ____________________

→ Lösungsheft Seite 16

10.4 Fehler finden

Bei der **Fehlerkorrektur** musst du zwischen unterschiedlichen Fehlerarten unterscheiden:

- Tippfehler und Abweichungen von der Stammschreibung findest du am besten, wenn du die einzelnen Wörter eines Textes silben- oder sogar buchstabenweise liest.
- Fehler der Groß- und Klein-, der Getrennt- und Zusammenschreibung, der Worttrennung sowie der Zeichensetzung: Hier wendest du am besten das Verfahren der **Textlupe** an, d.h. du liest den Text mehrmals und achtest jeweils auf einen Fehlerschwerpunkt.

Beachte:

- In allen Zweifelsfällen der Groß- und Klein- sowie der Getrennt- und Zusammenschreibung solltest du im Wörterbuch nachschlagen.

- Bei der Zeichensetzung solltest du dir für jedes Komma kurz die Regel in Erinnerung rufen, nach der dieses Komma gesetzt werden muss. Wenn du keine findest, ist die Wahrscheinlichkeit hoch, dass auch keines hingehört. Schlage in Zweifelsfällen im Regelteil deines Wörterbuchs nach!

Achtung:
Eine häufige Fehlerquelle bei der Zeichensetzung sind längere adverbiale Bestimmungen, die **nicht** durch Kommas abgetrennt werden,
z. B. *Trotz jahrelanger Beschäftigung mit adverbialen Bestimmungen und der Zeichensetzung* [...] *wollte er hier gefühlsmäßig ein Komma setzen.*

(1) **Übung**: In dem folgenden Text finden sich acht Tippfehler. Markiere zuerst diese Fehler und schreibe die Wörter dann richtig auf.

Mark Twain: Die schreckliche deutsche Sprache (Auszug 5) – *Achtung: Fehlertext!*

Also! Wenn ich nicht bewiesen habe, dass das Deutsche eine schwierike Sprache ist, so habe ich es wenigstens beabsichtigt. Ich habe von einem amerikanischen Studenten gehört, der gefragt wurde, wie er mit seinem Deutsch vorankomme, und prompt antwortete: „Ich komme überhaupt nicht voran. Ich habe drei volle Monate lang hard daran gearbeitet, und alles, was ich vorweisen kann, ist nur der eine deutsche Satz: „Zwei Glas!" (Zwei Glas Bier.) Er hielt einen Augenblick nachdenklich inne, dann fügte er mit Nachdruck hinzu: „Aber das *sitzt!*"

Und wenn ich nicht auch beweisen habe, dass Deutsch ein quälendes und erbitterndes Fach ist, dann ist meine Darstellunk zu rügen, nicht meine Absicht. Ich habe kürzlich von einem verhärmten und schwergeprüften amerikanischen Studenten gehört, der immer, wenn er seine Kümmernissse nicht länger tragen konnte, zu einem bestimmten deutschen Wort seine Zuflucht nahm – dem einzigen Wort in der ganzen Sprache, dessen Klang seinem Ohr süß und köstlich und seinem gefolterten Geist wohltätig war. Es war das Wort „damit". Nur der *Klang* war es, der ihm half, nicht die bedeutung; und so wurde ihm schließlich, als er erfuhr, dass die Betonung nicht auf der ersten Silbe liege, seine einzige Stütze, sein einziger Stab genommen, und er schwand dahin und strab.

[...] Meine philologischen Studien haben mich davon überzeugt, dass ein begabter Mann Englisch (ausgenommen Rechtschreibung und Aussprache) in dreißig Stunden lernen kann, Französich in dreißig Tagen und Deutsch in dreissig Jahren. Es liegt also auf der Hand, dass die letztgenannte Sprache gestutzt und ausgebessert werden muss. Wenn sie so bleiben sollte, wie sie ist, müsste man sie sanft und ehrerbietig bei den toten Sprachen absetzen, denn nur die Toten haben Zeit, sie zu lernen.

1) ______________________ 5) ______________________

2) ______________________ 6) ______________________

3) ______________________ 7) ______________________

4) ______________________ 8) ______________________

→ Lösungsheft Seite 16

Schlagwortregister